新时代多元化养老服务体系建设研究

郑金胜 著

江西高校出版社
JIANGXI UNIVERSITIES AND COLLEGES PRESS

图书在版编目(CIP)数据

新时代多元化养老服务体系建设研究/郑金胜著.——南昌:江西高校出版社,2022.7(2024.9重印)
ISBN 978-7-5762-3041-3

Ⅰ.①新… Ⅱ.①郑… Ⅲ.①养老—社会服务—研究—中国 Ⅳ.①D669.6

中国版本图书馆 CIP 数据核字(2022)第 115676 号

出 版 发 行	江西高校出版社
社　　　址	江西省南昌市洪都北大道 96 号
总编室电话	(0791)88504319
销 售 电 话	(0791)88522516
网　　　址	www.juacp.com
印　　　刷	固安兰星球彩色印刷有限公司
经　　　销	全国新华书店
开　　　本	700mm×1000mm　1/16
印　　　张	13.25
字　　　数	210 千字
版　　　次	2022 年 7 月第 1 版 2024 年 9 月第 2 次印刷
书　　　号	ISBN 978-7-5762-3041-3
定　　　价	58.00 元

赣版权登字 -07-2022-770
版权所有　侵权必究

图书若有印装问题,请随时向本社印制部(0791-88513257)退换

前言

人口老龄化不等于社会老化,老年人的常识、智慧和经验是人类社会的宝贵财产。人口老龄化代表健康长寿、社会参与和老有所养的银色经济的发展,需要基于人民不断增长的健康与长寿消费需求,组织生产、分配、流通和消费的活动,建立和谐的供求关系和代际关系。大力倡导积极老龄观,促进基于生命全周期服务理念的养老服务体系建设,政府、社会和个人都要为老龄化做好充分准备,建设全龄型宜居环境,发掘活力老人的潜力,建立提高活力老人社会参与度的支持系统,满足生理和心理衰退的老年人的生活照料、医疗保健、康复护理、心理慰藉等需求,建立家庭、社区、机构的持续照料、整合服务的养老服务体系。养老服务体系建设涉及整个养老服务供应链,包括了政策制定、制度安排、资金保障、人才队伍、服务输送、质量监管等全方位、全过程,需要诸多部门协同合作,制定相关政策、配套文件,进行流程设计,完善评估标准、评估办法、服务清单、服务标准等一系列制度建设,只有这样,才能实质有效地推进养老服务体系建设。充分认识科学和及时建立养老服务体系的重要性,找准当前养老服务体系建设中存在的问题,借鉴先进国家的经验,提出能落地的政策建议,对完善我国的养老服务体系具有重要的理论和实践意义。

基于此,本书从我国人口老龄化总体进程及发展态势入手,对新时代互助型养老体系建设、新时代机构养老体系建设、新时代社区居家养老体系建设、新时代"互联网+"居家养老体系建设以及新时代"医养结合"养老体系建设等方面展开详细的叙述,在撰写上突出以下特点:第一,内容丰富、详尽,时代性强;第二,结构严谨,条理清晰,重点突出,具有较强的科学性、系统性和指导性,便于读者理解和掌握。

在本书的撰写过程中,参阅、借鉴和引用了国内外许多同行的观点和成果。各位同仁的研究奠定了本书的学术基础,对新时代多元化养老服务体系建设研究的展开提供了理论基础,在此一并感谢。另外,受水平和时间所限,书中难免有疏漏和不当之处,敬请读者批评指正。

目录

第一章　我国人口老龄化总体进程及发展态势　/1
第一节　我国人口老龄化的状况　/1

第二节　老年人服务需要分析　/11

第三节　人口老龄化的挑战　/15

第二章　养老服务体系建设概述　/18
第一节　养老服务体系建设的重要意义　/18

第二节　养老服务体系建设面临的机遇　/20

第三节　积极老龄化视角下养老服务体系建设　/22

第三章　典型养老模式分析　/28
第一节　国外几种典型的养老模式　/28

第二节　国内主要养老模式　/37

第三节　国内外养老模式的对比分析　/39

第四章　新时代养老保险与养老产业体系　/41
第一节　养老管理体系概述　/41

第二节　养老保险保障体系　/47

第三节　养老产业体系与模式　/56

第五章　新时代互助型养老体系建设　/61
第一节　结伴活动的互助养老模式　/61
第二节　互助养老服务培训体系建设　/71

第六章　新时代机构养老体系建设　/74
第一节　机构养老设施供给现状　/74
第二节　老年人对机构养老服务的需求现状　/77
第三节　养老机构的安全管理内容和难点　/81
第四节　养老机构的安全防范制度和设备　/86
第五节　养老机构的安全管理措施和程序　/91

第七章　新时代社区居家养老体系建设　/96
第一节　社区居家养老服务体系的组织机构设置　/96
第二节　社区居家养老服务体系的组织人员设置　/104
第三节　社区居家养老服务体系中的政府职能　/107
第四节　非营利组织参与社区居家养老服务的方式及意义　/113

第八章　新时代"互联网+"居家养老体系建设　/116
第一节　"互联网+"居家养老体系建设思路和原则　/116
第二节　"互联网+"居家养老标准体系建设　/126
第三节　"互联网+"居家养老平台系统建设　/131
第四节　"互联网+"居家养老队伍建设　/141
第五节　"互联网+"居家养老监管体系建设　/146

第九章　新时代"医养结合"养老体系建设　/152
第一节　"医养结合"养老模式的概念　/152
第二节　国外"医养结合"养老模式发展的现状　/159
第三节　国内"医养结合"养老模式发展的现状　/164

第四节　"医养结合"养老模式优化策略　/169

第十章　新时代养老服务体系建设的政策建议　/177

　　第一节　构建社会参与支持系统,扩大社会化养老服务供给　/177

　　第二节　推动医养结合,多渠道解决养老服务资金难题　/186

　　第三节　完善农村养老服务制度,加强养老服务人才队伍建设　/193

　　第四节　建立全龄型宜居环境,合力推动养老服务体系建设　/197

参考文献　/201

第一章 我国人口老龄化总体进程及发展态势

第一节 我国人口老龄化的状况

一、老龄化的界定

老龄化是指一个国家或地区老年人口增长的趋势。按国际通行的标准界定,65岁及以上人口占总人口的比重达到7%或者60岁以上人口占总人口的比重达到10%,就进入了老龄化社会。

人口老龄化引发的"银发浪潮"呼啸而至,老龄化问题已引起举世关注。1999年是联合国确定的第一个国际老人年,其主题被确定为"建立不分年龄人人共享的社会"。当年的联合国大会通过决议,强调开展国际老人年的"国家后续行动"的重要性——因为不同区域和不同国家的人口老龄化阶段不同,需要确定具体的对策,以实现"建立不分年龄人人共享的社会"的美好目标。

2002年,联合国在西班牙的马德里召开了第二次世界老龄问题大会,通过了《2002年马德里老龄问题国际行动计划》。这项计划再次强调,要"应对21世纪人口老龄化的挑战,促进不分年龄人人共享的社会的发展";同时郑重宣布,在这个行动计划中,责成包括国家和国际的各级机构采取行动,并对以下三个方面给予优先:老年人与发展、老年人的健康与福利、保证有切实可行的支持环境。

联合国在世纪之交采取的一系列行动表明,老龄化问题已经成为一个世界性的普遍问题。更为重要的是,在老年人口的增长中,发展中国家的速度最快。这是一个非常重要的迹象。

"银发浪潮"席卷全球,中国当然也不能例外。20世纪末,中国65岁及以上人口接近7%,60岁及以上人口超过10%,正式迈进了老龄化国家的门槛。改革开放以来的40多年间,我国不仅创造了经济社会发展的奇迹,而且仅用1/3世纪的时间就实现了许多发达国家用一个世纪甚至更长时间才实现的人口再生产类型的转型,步入了低生育率水平国家的行列,也创造了世界人口发展史上的奇迹。与此同时,我国也提前迎来了人口老龄化时代。

所谓联合国老龄社会标准,是指根据20世纪50年代联合国《人口老龄化及其社会经济后果》确定的划分标准,当一个国家或地区65岁及以上老年人口数量占总人口数量的比例超过7%时,则意味着这个国家或地区进入老龄化社会。根据国家卫健委老龄健康司发布的《2020年度国家老龄事业发展公报》,截至2020年11月1日零时,全国60周岁及以上老年人口2.64亿人,占总人口的18.70%;全国65周岁及以上老年人口1.9亿人,占总人口的13.50%。我国的老龄化程度正在急剧加深,我国进入人口老龄化快速发展阶段。鉴于人口老龄化的速度快以及老龄人口规模巨大的特点,我国的人口老龄化必将给社会经济发展的各个方面带来深远影响。

二、我国人口老龄化的特征

根据全国老龄工作委员会的预测,未来60年我国人口老龄化的发展趋势将呈现出以下几个特征:

(一)规模庞大

首先,就绝对规模来讲,21世纪70年代以前,我国将始终是世界上老年人口最多的国家。此后,印度的老年人口数将超过我国。人口可划分为少儿人口、劳动年龄人口和老年人口三大类,在这一人口结构中,我国老年人口增长速度最快。1991年我国60岁以上老年人口跨过1亿大关,2013年已超过2亿,据预测,2025年将超过3亿,2033年将超过4亿。这几个阶段老龄人口每增加1亿所需要的时间分别为22年、12年和8年。据预测,到2050年,我国的老龄人口将比届时的世界第一人口大国印度多1亿,比所有发达国家老年人口总和多3700多万,相当于届时的第三人口大国美国的总人口。这种老年人口规模的发展态势在世界上任何人口大国中都是前所未有的。

(二)增长迅速

1980—1999年,在不到20年的时间里,我国人口年龄结构就基本完成了从成年型向老年型的转变,与世界发达国家相比,速度十分惊人。而法国完成这一过程用了114年,瑞士用了85年,英国用了45年,最短的日本也用了24年。

老年人口增长迅速集中表现在老年人口高龄化趋势明显。人口学认为,60~69 岁为低龄老年人口,70~79 岁为中龄老年人口,80 岁以上为高龄老年人口。我国高龄老年人口以每年 5.4% 的速度增长,已从 1990 年的 800 万人增长到目前的 2780 万人。高龄老年人口丧偶和患病的概率高,生活自理能力差,因此他们不仅需要经济上的供养,而且需要生活上的照料。一般来讲,刚刚进入老龄阶段的人口在相当长的时期内并不会显著增加医疗、照料等方面的需求。老龄人口中的高龄人口,因属于高失能人群,生活依赖性强,他们是真正需要家庭和社会照料的对象。在整个 21 世纪,我国面临的高龄老年人口压力将是世界上最大的,80 岁以上高龄老人规模将长期保持世界第一。2020 年,我国 80 岁以上老人规模超过 3000 万。到 21 世纪中叶,我国高龄老年人口将占全世界高龄老年人口总量的 25%。此外,高龄老年人口还将是老龄人口中增长速度最快的群体,到 2052 年,我国高龄老人占老年人口的比重将从目前的 11% 增长到 23%。21 世纪上半叶,高龄老人将以年均 4.02% 的增长率增加,是同期老年人口增长率的 1.68 倍。

(三)性别比低

我们已注意到,女性老年人口的绝对数量大。据 21 世纪初期的普查数据,65 岁以上人口总性别比为 89.57,随着年龄的升高,老年人的性别比在迅速下降。中龄老人(70~79 岁老人)及高龄老人(80 岁以上)的性别结构都是女性人口多于男性,且随着年龄的增长,女性人口远多于男性。

(四)地区差异

在东部经济发达的地区和大中城市,人口已经进入老龄化阶段。而在中西部地区,人口老龄化的程度低于东部。上海在 1979 年最早进入人口年型行列,与最迟 2012 年进入人口老年型行列的宁夏比较,时间跨度长达 33 年。

(五)城乡倒置

理论上讲,老龄化最重要的人口学原因是生育率水平的降低,因此正常情况下生育率水平高的农村地区理应有着相对低的老龄化水平。但在我国,由于存在大规模的乡城流动人口,且他们中的绝大多数是劳动年龄人口,这在客观上提高了农村老龄化水平的同时也降低了城镇的老龄化水平。在 21 世纪的前 40 年,农村人口老龄化水平将始终高于城镇。

2010年，农村老龄化水平比城镇高出4.67个百分点。2020年，农村老龄化水平突破20%，高出城镇5个百分点；至2030年全国老龄化速度达到最快时，农村和城镇的老龄化程度将分别达到29%和22%，差距也将达到最大值，相差7个百分点。另外，达到20%和30%的人口老龄化水平的时间，农村比城镇分别早13年和19年。在人口老龄化进程中，农村社会经济发展水平滞后、公共资源分配较少，老龄化问题表现得更加突出，农村应对老龄化的能力更弱，而农村又必然率先受到人口老龄化大潮的冲击，使得我国应对人口老龄化的形势更为复杂。

我们的邻国日本的经验告诉我们，农村地区的人口老龄化水平可能会达到触目惊心的30%甚至更高。到21世纪后半叶，城镇的人口老龄化水平才将超过农村，并逐渐拉开差距。这是我国人口老龄化不同于发达国家的重要特征之一。

（六）未富先老

这将是我国老龄社会的显著特征。欧美一些国家人口老龄化伴随着城市化和工业化呈渐进的趋势。当这些国家的65岁以上老龄人口达到7%时，人均国内生产总值一般都在5000~10000美元。而我国进入老龄化国家行列时，人均国内生产总值仅为800多美元，世界发达国家的人口趋势是"先富后老"或"富老同步"，而我国属于"未富先老"。我国目前位于中等偏低收入国家行列，应对人口老龄化各种挑战的种种基础都还比较薄弱。

就我国当前所处的现代化发展阶段来说，人口转变进程显然已经超前，应对老龄化存在如下不足：首先，我国当前应对老龄化的经济基础还比较薄弱。以60岁以上老龄人口超过10%为标准，我国1999年进入老龄社会，当时人均GDP为840美元，即便去除人民币被低估的因素，按购买力评价计算，也仅仅是世界平均水平的一半略多。目前我国经济总量排名世界第二，但很多人均经济指标依然落后于世界平均水平。其次，城乡收入差距不断扩大。考虑到城乡老龄化的倒挂现象，农村的养老形势令人担忧。最后，老年社会保障制度建设滞后。西方主要发达国家早在老龄社会之前或初期就建立了完善的社会保障制度，而在我国，由于种种原因，社会对人口老龄化问题的严重性认识不足，政策和制度准备严重滞后于老龄化的发展进程。总之，"先老"已经不可逆转，"未富"尚可补救。

(七)社会变迁

对比其他国家的老龄化进程,我国的人口老龄化进程有三个特点,即在老龄化进程中还有与其同步发展的"少子化""家庭规模小型化"和"人口流动"三种社会变迁的大趋势。这些社会结构的深层次变化形成的张力对中国社会传统的生活方式以及相应的社会服务方式产生了很大的冲击。

社会变迁趋势一:少子化。在中国人口老龄化的进程中,"少子化"的特征非常突出。"少子老龄化"描绘的是两个密切相关但又相反的发展趋势,就是在老年人口的比重上升的同时出生率则在下降。这两者之间形成的张力又同时作用于社会系统的同一个节点上,这就加速了老龄化的进程,尤其是20世纪80年代以来,我国因为坚决执行计划生育的基本国策,人口出生率、自然增长率均有所下降,总的生育率下降到生育更替水平以下,进入世界低生育水平国家行列。这里所说的"生育更替水平"(Replacement Level)是指这样一个生育水平:同一批妇女生育子女的数量恰好能替代她们本身以及她们的伴侣,当净人口再生产率为1.00时,恰好等于更替水平。"少子化"的特征使社会抚养比发生了巨大的变化。从宏观上说,整个社会的劳动年龄人口在减少,而需受供养的老人却在增加。

社会变迁趋势二:家庭规模小型化。在中国社会老龄化的进程中,还有一个与老龄化密切相关但方向相反的发展趋势,这就是家庭规模小型化。

家庭规模小型化还表现在"空巢"老年家庭数量不断增加。伴随着稳定持续的低生育率水平,我国家庭平均规模已缩小到3.13人/户。0~30岁独生子女人口规模已经达到1.58亿,占同龄人口的29.3%。家庭结构的变化,使得家庭"空巢"时间提前,"空巢"更容易发生。大规模的乡城流动人口,又造成了大批农村老人留守。家庭规模小型化、家庭关系简单化、家庭类型核心化以及家庭成员流动化,加剧了城乡养老服务社会化的迫切性、复杂性和严重性。

社会变迁趋势三:人口流动。在中国社会老龄化的进程中,另一个与老龄化密切相关的发展趋势是人口流动的增加。中国的人口老龄化是从城市开始的,早在1979年,上海就已经跨进了老龄化的门槛。北京和天津是在20世纪90年代初加入老龄化城市行列中的。此后,东部沿海地区的一些大中城市,如大连、杭州、宁波、无锡等也陆续加入老龄化城市的队伍中来。按照国际经验,一个地区或城市进入老龄社会后,很快就会感受到劳动力短缺的压力,但是这种情况在中国已经进入老龄社会的大中城市中并没有明显的表现。研究表明,这实际上得益于始于20世纪80年代末由社会流动而形成的各大中城市的"人口机械增长"。

三、我国人口老龄化的影响

老龄化是社会发展的产物,是人类社会文明进步的象征。当今所有发达国家几乎都是老龄化的国家,国际和国内的事实证明,人口老龄化可以与社会经济协调发展,带来积极的影响,如老龄产业发展。但是,从深层次看,人口老龄化的加快终将会成为制约经济发展和产业结构调整的重要因素,具体表现在以下几方面:

(一)有效劳动力不足

改革开放多年来,我国的发展道路是利用庞大的劳动力比较资源优势进行工业外贸发展,这一策略的成功一定程度上离不开庞大的年轻劳动力资源,并且20世纪90年代以来人口出生率的快速下降使社会总抚养比很低,我国得以集中财力、物力与人力投入到经济发展之中。然而,随着快速的老龄化、抚养比的迅速提高,经济投资必然下降,劳动力短缺也会使成本有很大提高。中国将逐步丧失过去赖以成功的优势。

人口老龄化的发展会导致劳动年龄人口比重相对下降。劳动年龄人口的相对缩减就意味着有效就业人口的减少。在一定的生产资料和技术条件下,劳动力资源不足可能导致部分生产资料和技术设备的更新停滞,影响社会生产活动的正常进行,导致社会劳动生产率下降,社会生产的经济总量降低,从而影响生产力和经济的发展。

由于现阶段我国大多数省份还处于"人口红利期",劳动力资源还很丰富,在相当长的一段时间内将面临的是劳动力过剩而不是不足。但是从2023年开始,随着劳动适龄人口比重的下降,即劳动力老化,各地将陆续出现劳动力不足的情况。劳动力老化对总体生产率提高和经济增长的抑制作用较大,劳动者的身体素质成为劳动生产率高低的决定性因素之一。人口老龄化是导致劳动生产率和经济增长速度下降的一个因素,而这种消极作用主要体现在其对劳动力资源的影响上。

(二)社会负担加重

人口老龄化增加了社会费用的支出和管理成本,会对经济发展产生较大的压力。同时,老龄化的提前到来,增加了医疗费用及养老金的支出,为满足老人的精神文化需求,兴建了大量的老年活动中心、健身场所等,加重了管理成本。因此,经济压力剧增,老龄事业的发展落后于老龄事业的需求。

老龄化还在逐步加重年轻人的养老负担。我国从20世纪80年代开始实行计划生育政策,使家庭人口数量得到逐步控制。随着20世纪80年代出生的子女的父母逐步进入老年阶段,"80后"不仅面临着就业、住房的压力,也在为父母的养老问题而发愁。尤其是在"421"的家庭结构模式中,"80后"面临的赡养父母的压力远远大于"70后"和"60后"。一对"80后"年轻夫妇要照顾四位老人,不论是在精力、财力、人力还是在心理上,都将面临巨大压力。《中国青年报》发布的一项关于"80后"的调查显示,74.1%的人表示,生活、工作压力大,照顾父母力不从心;68.4%的人表示,要承受多位老人的养老负担;50.1%的人表示,生活在两地,无法把父母接到身边照顾;42%的人表示,社会保障、医疗保险不同,城市无法互通;37.7%的人表示,养老院等社会养老机构无法让人放心。由此可见,人口老龄化的快速发展将加重年轻人尤其是独生子女的养老负担。

人口老龄化还给医疗体系带来了巨大压力。全社会医疗开支猛增,是人口老龄化的必然结果。老龄化与高龄化也会带来总体的国民死亡率增长,这是我国进入老龄化社会的真实反映。这将带来双重压力:其一,医疗资源与开支会更多地流向危重老年病患,压缩其他医疗开支;其二,对老年病患的看护工作需要大量的医务护工,这将使本已显得短缺的劳动力资源更加紧张。

人口老龄化还加剧了养老保险个人账户的亏空。我国社会保障制度改革是在过去的基础上进行的,实行"社会统筹与个人账户相结合"的初衷是确立部分积累的筹资模式,但养老保险基金的筹集在由现收现付的社会统筹制转向社会统筹与个人账户相结合的部分积累制的过程中出现了基金缺口,以及弥补缺口导致的个人账户"空账"。其原因在于新制度实施前已退休的人员没有缴费,新制度实施前已工作过若干年的在岗人员在既往工作期间也没有缴费,于是导致个人账户"空账"的风险。有专家预计,随着人口老龄化的加剧,如果不逐步做实个人账户,在未来30年的时间里,我国城市养老金"空账"规模将达到6万亿元。

养老金面临入不敷出的窘境,以至于不得不大幅延长退休年龄。目前延迟退休的方案正在制定中。实际上,延迟退休是一个不得已的办法,其实质是将社会养老的责任由企业更多承担,势必加重企业负担。

(三) 社会问题凸显

人口老龄化还使一系列社会问题凸显,这要求我们必须集中全社会的力量去面对和解决。这些社会问题包括如下方面:

1. "空巢"家庭、"留守"老人问题

传统上,作为照顾老人日常生活主力的女性已大规模地进入劳动力市场,既要工作又要为老人提供照顾服务,使她们的压力越来越大。激烈的社会竞争使不少子女要么忙于打拼事业,无暇顾及老人的生活,要么待业在家,成为"啃老族"。城市子女工作的流动性和农村劳动力外出谋生造成了大量的"空巢老人""留守老人"。

同样,由于计划生育政策,老龄化伴随着少子女,将不可避免地使空巢家庭成为老年人家庭的主要形式。养老模式也必然继续发生变化,老人对儿女的依赖将越来越少,社会养老的普遍化需要大量的人力、物力。

很多"农民工"将年幼的孩子交付老人照顾,老人在得不到子女养护的状况下还要为其照看孩子,晚年生活无法保障。此外,我国绝大多数农村老人养老金偏低、医疗保险报销比例较低,在丧失劳动能力后无基本生活来源,只能靠儿女赡养,而由于社会变革给新旧两代人在伦理道德、价值观念等方面造成的代际隔阂,"重小轻老"现象严重。

2. "双独夫妻"问题

由于计划生育政策的长期执行,我国出现了规模庞大的"421"或"422"家庭。在这种结构之下,作为核心的"双独夫妻",其家庭养老、抚幼的责任非常大。他们不仅有经济上的压力,更有精神与心理上的压力,尤其当老人患病的时候,这将是不可避免的。他们怎样才能成为不被压垮的一代呢?随着生育意愿的持续低下,将产生更多的这类家庭。

3. 移民浪潮问题

由于我国经济发展不均衡,各地老龄化进程也不一致。伴随超大城市集群的出现,这些地区的城市人口构成将继续变化,新城市移民比例将越来越高。如何处理好一个城市的巨大移民浪潮问题是值得研究的。此外,我国已经出现了非法入境的外国务工人员,不排除我国未来大量引进外来劳工的可能性。

4. 机构养老问题重重

首先,社会养老机构不足,养老供需矛盾突出。其次,支付能力与服务价格之间存在矛盾。在市场经济条件下,养老事业按商品经济运营,形成产业化发展。这就造成老人的收入水平低,很难支付养老机构高昂的服务价格,使本来就不足的养老机构,存在闲置和空位状况;有的养老机构为了不亏本经营,设施简陋,医疗卫生条件较差,服务项目内容单一,服务专业化水平低,这又无法满足老人多层次的生活需求,从而造成恶性循环。再次,缺乏竞争,政府对民办养老机构的支持力度和优惠政策不够,资源主要集中在公办养老机构中,形成垄断。最后,地区发展不平衡,特别是城乡差异显著。农村的机构养老服务发展明显落后于其他地区,在养老机构的资金投入、人员素质、管理水平和服务质量等方面都严重滞后,农村老人所享受的养老资源远远低于城市老人。

5. 催生新的社会阶层问题

伴随着城市化进程,农村的老龄化发展将使得我国不得不开始进行农村土地制度变革,土地的集约化经营与土地兼并可能变得更加常见,也会催生出一个新的社会阶层,其影响也将非常深远。

(四)产业结构调整

随着我国人口结构的转变,人口老龄化的加剧将使得未成年人口的消费品需求逐渐下降,而适应老年人口需求的各种消费品以及服务将会不断增加,这将对我国现有的产业结构提出挑战。

由于人口老龄化的出现,要对我国现有的产业结构做出调整,以满足老年人口对物质、精神文化特殊的需要。我国已经进入老年型国家行列,老年人口大量增加,其物质和精神需求不断增长,市场机制将引导社会资源向开发老年人生活用品、保健产品、医疗设备以及老年大学、老年旅游等产业转移。社会对第三产业的需求将会明显增加。人口老龄化将带动第三产业大发展,从而有助于调整产业结构,并且有力促进劳动力的产业转移,同时促进农业剩余劳动力向第三产业转移,实现劳动力就业的产业结构调整。

老年人需求的多样性将给养老产业发展带来机遇。根据需求层次理论,老年人作为一个特殊人群,由于其心理、生理等方面的特殊性,在物质生活和精神生活方面都有其自身需求和消费的特点。在我国人口老龄化进程中,老年人口数量的增加和老年人口比重的提高以及老年人口的需求和消费特点也会对市场和产业结构产生越来越大的冲击,使原有的市场结构和产业结构不再适应人口老龄化的需要,这将在客观上带动老年相关产业的发展,其中包括所有满足老年特殊需求的生产、经营、服务等方面的发展。

根据国外老年护理的经验模式和老年养护需求,我们认为以下产业具有良好的发展机会。

1. 满足老年人多种需求、各具特色的养老服务机构有着巨大的发展潜力

要建立集老年人疾病预防、保健、护理、理疗、康复训练和健康教育于一体的连续性、综合性的服务体系,既要重视医院提供的老年病人护理服务,还要重视建立托老所、老人公寓、家庭病床等服务机构与项目,提高老年人的生活质量。要开发不同类型的养老护理机构,满足不同的服务需求。

2. 老年护理及特殊服务设施的开发研究和利用存在良好的发展空间

目前与老年人或老年病相关的研究课题众多,研究者要强化科研意识,使科研成果及时转化,开发成本低、效用高的老年护理设备、器材,为社区护理和家庭护理提供良好的基础条件。

3. 开发长期护理保险产品正是时机

目前,我国已跨入老龄化社会阶段,大量的老年人中必有相当数量者因疾病或衰老而需要护理。全社会将为此支付巨额的护理费用。如果一些老人无力支付护理费用,其生存质量无疑将受到影响,这将偏离我国强调以人为本、建设和谐社会的发展宗旨。因此,应在不断完善社会保障事业的同时,积极探索并尽早筹划长期护理保险制度。长期护理保险制度,是将因病或衰老而需护理的有关费用由保险系统来支付的一种保险制度。保险人在投保人交纳保险费后,承担被保险人在医院、康复中心等专门护理机构或家

中因接受个人护理服务而发生的相关护理费用。

目前,老年护理需求日益增加,家庭护理功能逐渐弱化。虽然城镇的社会基本养老保障体系正在初步形成,并已初步建立起社会统筹与个人账户相结合的基本医疗保险制度,但它们并未将老年护理费用包含在保障范围之内。而且目前的商业人寿和健康保险市场上,老年护理保险基本上仍是空白,老年护理风险尚缺乏保险保障,正虚位以待。

对多数发达国家而言,老龄化类似于一种富贵病,伴随经济发展与社会进步,是必然的趋势;但对我国而言,老龄化发生太快,以至于我们是未富先老,会出现经济发展与社会养老争夺资源的情况。这些老龄化的影响很可能会出现或者已经出现,其紧迫性是不言而喻的,而中国社会对此还没有做好充分准备。应对人口老龄化的冲击,不仅是政府的职责,更离不开社会与公民的共同努力。

第二节 老年人服务需要分析

一、从需要层次理论看老年人的需要

要积极应对老龄化和老年问题,制定相应的解决策略,建立科学的研究机制,构建中国的社会养老服务体系,就必须在跨进老龄化社会的门槛后、在"银发浪潮"汹涌而来的背景下,了解老年群体的生理、心理等各方面的需要,把握我国老年人服务需要的特点,全面分析和理清老年人的各种养老服务需求,这样才能更好地应对人口老龄化问题,为构建我国社会养老服务体系奠定坚实的基础。

老年群体是社会总人口的一部分,他们的需求既具有普遍性,也具有特殊性。对老年群体需求的了解和研究将有利于我们更好地明确养老机构的规划目标和老年服务人才的培养方向。

西方学者对人的需求研究得较为系统,如马斯洛(Abraham H. Maslow)(美国著名心理学家、人本主义心理学创始人之一)的需要层次理论,把人的需要由低到高分为五个层次。这五个层次是逐级上升的,当低一级的需要获得满足后,追求更高一级的需要就成了继续奋进的动力。马斯洛的需要

层次理论是人类需要的高度概括,具有共通性。老年人作为社会人口的一个群体,其需求可运用需要层次理论分析。

第一,生理需要。这是人最基本的需要,如衣、食、住、行等方面的要求。老年人希望得到衣、食、住、行等基本的生活保障。

第二,安全需要。老年人的安全需要集中在医、住和行三个方面,其中,尤为需求"医"的保障,在生病、外出等期间希望有人护理和照料。

第三,归属与爱的需要。它是指归属于某群体的感情需要,希望爱他人,也渴望得到他人的关爱。在这一方面,老年人需要享受家庭的温暖、享受天伦之乐,尤其是丧偶老人希望与人交流和沟通,不愿形单影只地生活,希望得到情感的慰藉。

第四,尊重的需要。人人都希望得到他人的尊重,希望保持自己相应的社会地位和自尊心,得到较高的评价。老年人因为自己年龄较长,特别希望得到尊重和爱戴。又因为老年人生理机能衰退,听、说、行等较迟缓,更需要周围人的理解和尊重。

第五,自我实现的需要。这是最高层次的需要,即希望实现自己的理想和自我价值,发展自己的能力,得到他人与社会认可的需要。"夕阳无限好",许多老年人身体状况较好,具有强烈的学习、工作、娱乐等方面的参与欲望,希望找份工作或进入老年教育场所继续学习,以体现自我价值、实现自我理想。有些老年人热衷于组织和参与各种文体活动,以充实、丰富自己的晚年生活。20世纪末期,联合国大会通过了《联合国老年人原则》,强调"独立、参与、照顾、自我实现、尊严",强调对老年人尊严的认识,消除对老年人一切形式的忽视和虐待,支持老年人仍以不同的方式继续参与社会、经济、政治、文化、精神和公益事务,从而使老年人在健康老龄化的同时,逐步走向积极老龄化的状态。

纵观国内外学者的研究,老年人的需求归纳起来主要包括经济支持、生活照料和精神慰藉三个方面。可将这三个方面与马斯洛的五个需要层次相联系,再与我国的"五个老有"或"六个老有"的养老目标相对应。

根据老年人的需求,《中华人民共和国老年人权益保障法》(以下简称《老年人权益保障法》)概括出了"五个老有"的养老目标,即"老有所养、老有所医、老有所为、老有所学、老有所乐"。《中国老龄事业发展"十五"计划纲要》提出了"六个老有"的养老目标,即"老有所养、老有所医、老有所教、老有所学、老有所为、老有所乐"。这些目标的提出表明,现代老年人所追求的生活目标,不仅满足于物质生活的供养,更需要老有所学、老有所为,才能最终达到老有所乐的最高境界。当然,以上的分类对应也不是绝对的,各项分类都是相通、相融、相互联系的,是彼此交织、相辅相成的。

有充分的经济支持与生活照料才能满足老年人的生理需求和安全需求。可以认为,以往的研究主要集中在老年人的经济供养方面,人们对老年群体的精神生活质量和心理需求关注较少。养老是一个涉及多方面的综合体系,随着生产力的发展、人们经济收入的快速增长和我国养老保险制度的日益加强,有些老年人已基本没有经济供养方面的困难,他们便追求更高层次的精神文化生活。

鉴于以上分析,我国急需加强老年服务与管理人员的培养、培训工作,全面提高服务水平和质量,以全方位、高质量的服务满足老年人的养老需求,这样才能真正达到"六个老有"的养老目标。

二、老年人服务需要的特点

老年人的服务需要和其他年龄段的人群相比,既有相同点,也有不同之处,即具有特质性。养老服务是针对老年人的特质性需要而给予的满足,即养老服务是各类供给主体根据老年人的特点提供的提高老年人生活和生命质量的有偿或无偿的活动。围绕这一过程形成的复合系统就是社会养老服务体系。老年服务需要的特点有如下四个方面:

(一)丰富性

老年人服务需要的内容丰富,工具性需要全方位渗透。丰富性是指老年人需要的内容涉及生活的方方面面,可概括为物质需要、精神需要和工具性需要,尤以工具性需要最为突出,即需要更多地借助各种工具和辅助设施。由于身体机能的下降,老年人难以通过自身努力完成原来由自己的手、脚、眼等完成的生活自理活动,必须全部或部分交由他人来做,或借助其他设施设备来完成,少部分人还由于智力的衰退造成失智,完全需要他人服务以满足其基本生活需要。因此,在老年人的服务需要中,作为社会化内容的工具性植入十分重要,它渗透于老年人需要的方方面面及其需要满足的全过程。没有社会力量的帮助,老年人的工具性需要难以得到有效满足,并直接影响他们的生活质量。

(二) 多层性

老年人服务需要的层次多,缺乏型需要更为突出。老年人的需要并不完全按马斯洛的需要层级理论发展递进。其原因是,按照撤退理论,老年人从成年期参与的社会活动、担任的主要角色中退出了,因而其自我实现需要减弱甚至消失,反而缺乏型需要特别是低层次需要中的生理需要、安全需要等走上了前台,重新起着主导作用。对其中一部分失能老人来说,有时候生理需要还可能更急迫,因为他们无法通过自己而必须借助他人实现这些最基本的需要。

(三) 递进性

老年人服务需要的线性变化使其在专业化服务需要上具有递进性。从本质上看,老年人的基本需要基于他们的身体条件。每一个老年人个体,其生理机能的衰退及疾病的发展都是一个程度不断深化及反复的过程。建立在这一基础上的需要及满足,也因此不断变化,但这种变化又是有规律可循的——初始阶段,由他人提供一般性生活服务;继而寻求专业机构服务,并逐步趋于更多的照护服务。总体看,老年人服务需要的实现在借助社会力量方面随着身体机能的衰退,专业性不断提高。

(四) 多样性

老年人服务需要的方式多样,在选择上偏重社区人文性。从居住形态的角度看,老年人的服务需要可以在家庭内完成,也可以走出去在社区完成,或直接在养老机构完成。但由于长期形成的安全性感受(其中最主要的是社区的人文氛围),也有部分出于成本较低的考虑,老年人更容易接受居家式服务。换言之,老年人居家接受服务时,因处于熟悉的社区中,更具有心理安全和低成本的优势,更能接受这样的实现方式。概而言之,养老服务的本质是照护,即照料和护理。对所有老年人来说,生活照料能满足其基本的工具性需要、缺乏型需要;对其中的失能老人来说,在生活照料的基础上,护理更为突出,而这种护理具有专业性。就老年人服务的方式来看,他们需要在熟悉的社区获得综合性、连贯性的服务。

第三节 人口老龄化的挑战

一、养老成本不断增加

年龄结构渐趋高龄化且人口高龄化速度超过老龄化,使养老成本不断提高。随着我国医疗技术的进步和人民生活水平的提高,在人口老龄化的同时,高龄老人在老年人中所占比例也不断提高。根据全国老龄办的数据,2020年,老年人口达到2.64亿,老龄化水平将达到18.7%,其中,80岁及以上老年人口达到3067万,占老年人口总数的12.37%。人口高龄化虽然显示了人们自然寿命的延长,但同时也在很大程度上延长了人们的带病生存期,使患病率、伤残率提高,自理能力下降。当前,我国城乡失能、半失能老年人已达到3000多万,他们都需要不同程度的专业性的生活照料和护理服务,这使养老成本呈现出不断增加的趋势。面对日益加速的人口老龄化,养老金账户如何支撑、钱从何来成为一个必须面对的现实问题。

二、家庭养老功能逐渐弱化

家庭结构小型化且空巢化、空心化现象增多,使家庭养老功能逐渐弱化。随着社会的发展特别是现代社会的急剧变迁,家庭结构日趋小型化。一方面,由于20世纪70年代末计划生育政策的推行,我国生育率逐渐降低,使得家庭规模越来越小型化和核心化,形成了所谓的"421"成员结构模式。第六次人口普查的数据表明,我国平均每个家庭户的人口仅为3.10人;另一方面,随着工业化、城市化的不断推进,代际分居成为一种普遍的趋势,这就造成了空巢家庭的出现,空巢老人日趋增多。民政部的数据显示,目前城乡空巢家庭超过50%,部分大中城市达到70%;农村留守老人约有4000万,占农村老年人口总数的37%,空巢老人成为老年人中的一个特殊群体。子女离开家庭,加大了与父母的空间距离,虽然仍能在经济上接济父母,但是老年人的日常生活照料失去了依靠、精神上失去了寄托。家庭结构空巢化、空心化现象无疑增加了家庭养老的困难,使传统家庭养老功能面临严峻的挑战。

三、"未富先老"且农村老龄化压力更大

"未富先老"且农村老龄化程度高于城镇老龄化,使经济供养能力更显不足。发达国家一般是在基本实现了现代化之后才步入老龄化社会的,当时的人均GDP一般都超过10000美元,已经具备了应对人口老龄化的能力。而我国于1999年步入老龄化社会时,人均GDP只有840美元,可以说是典型的"未富先老"社会。与此同时,我国的人口老龄化还存在着地区发展不平衡、城乡老龄化差异大的现象。东部沿海经济发达地区的老龄化进程明显快于西部经济欠发达地区,上海早在1979年就进入人口老龄化社会,浙江等经济较发达省份也于1990年左右跨入了老龄化社会,目前这些地区的老年人口占总人口的比例均在20%以上;而青海、宁夏等西部欠发达地区则于近几年才陆续进入老龄化社会。同时,由于近年来大量农村人口向城镇流动,我国农村老龄化程度要明显高于城镇。目前,我国农村老龄化水平高出城镇1.24个百分点;到2028年,将高出城镇11个百分点;到2050年前后,全国约有28个省区的农村老龄化比例高出城镇20%以上。与城镇相比,农村老龄化带来的压力更大,解决的难度也更大。

四、给社会养老保障服务体系带来巨大影响

人口老龄化虽然是社会经济发展、人民生活水平普遍提高、医疗卫生条件改善和科学技术进步的结果,有其有利的一面,如人口寿命延长带来的有效劳动岁月延长,可使劳动力资源增多、劳动力成本下降,给老年特需商品与服务市场带来了极大的潜力等,但我们更应看到,在我国这样一个发展中国家,人口老龄化进程的加快,势必给社会经济发展带来前所未有的困难和矛盾,若不能未雨绸缪,将影响社会经济的可持续发展。人口老龄化对社会养老保障服务体系的影响主要表现在以下两个方面:

(一)养老保险基金平衡压力加大

人口老龄化被列为近年的四大挑战之一,首先受到冲击的是养老保险。随着人口老龄化和老年人口的增加,社会养老保险金支出的数额增大,使现行养老保险金制度不堪重负。在近十几年里,我国老年人口以年均3%左右的速度增长,离退休人口则以7%左右的速度增长。由于我国养老金的给付以现收现付为主,缺乏足够的历史积累,因此退休人口的快速增长对养老保险金的供给产生了巨大压力,甚至出现了养老保险金入不敷出和拖欠等现

象,这些现象还有逐渐蔓延和加重的趋势。

(二)医疗保险制度与人口老龄化不相适应

首先,基本医疗保险制度特别是农村医疗保险制度尚不完善。职工保、城居保、新农合三项制度存在覆盖面、公平性、可行性等问题。筹资机制还不稳定,居民医保的待遇还不高,异地就医难和患者负担重依然是他们的纠结所在,基本医疗保险制度的保障作用还不够给力。其次,补充医疗保险制度不够成熟,覆盖面不够宽,在化解高额医疗费用负担方面的作用没有得到充分体现。再次,商业保险发展滞后。解决不同层次老年人群的医疗需求,不能仅仅依赖基本制度。在国外,商业保险能为不同的需求者提供不同的解决方案。我国医疗机构和商业保险公司都有很大的潜力亟待拓展。最后,公共卫生不适应老龄化需求。公共卫生应因人口的变化而有所调整,应把老年慢性病普查、老年病预防、健康知识普及等纳入公共卫生范围并尽力发挥应有的作用。

第二章　养老服务体系建设概述

第一节　养老服务体系建设的重要意义

一、养老服务体系建设是供给侧结构性改革的重要内容

"供给侧结构性改革"是用改革的办法推进结构调整，减少无效和低端供给，扩大有效供给，增强供给结构对需求变化的适应性和灵活性，提高全要素生产率，使供给体系更好地适应需求结构变化。2022年，新中国第二次"婴儿潮"出生的人已正式迈入老年期，这给中国的人口老龄化带来第二次"冲击波"。目前，社会化养老服务供给不足，政策衔接、部门协调、服务能力、人才供给等方面跟不上人口老龄化快速发展的步伐。养老服务体系建设是供给侧结构性改革的重要任务和使命，通过养老服务体系建设能够为老年人提供充足的养老服务供给，同时通过改革促进养老产业结构、区域分布、要素投入等方面的结构优化。

二、养老服务体系建设是保障和改善民生的重要着力点

加强社会养老服务体系建设，是应对人口老龄化、保障和改善民生的必然要求，是适应传统养老模式转变、满足人民群众养老需求的必由之路，是让老年人安享晚年生活，促进社会和谐稳定，增强老年人参与感、获得感和幸福感的当务之急。"养儿防老"是古代家庭关系中赡养老人的主要思想基础，在传统观念中，养老主要是家庭责任，国家和政府的责任与义务未凸显出来。计划生育政策带来的"421"家庭结构，使传统家庭养老照顾模式难以维持，因此，需要从国家、社会、个人等诸多层面探寻相应的措施，确保对老年人做到"老有所养、老有所敬、老有所乐、老有所为"，为建设和谐社会、实现人类社会可持续发展而服务。

三、养老服务体系建设是扩大内需、促进消费的重要手段

养老服务是一个涉及面广、产业链长的综合体系，涵盖满足老年人生活需求的衣食住行日常照料、满足老年人健康需求的护理服务和医疗服务、满足老年人精神文化需求的文化娱乐、满足老年人在经济和社会生活中扮演重要角色的支持系统等多个行业领域,在促进生产、拉动消费、稳定就业等方面发挥着重要作用。我国老年群体数量庞大,老年人用品和服务需求巨大,老龄服务事业和产业发展空间十分广阔。未来"银发经济"将成为经济新常态下推动经济发展的重要引擎,是极具市场价值和开发潜力的"朝阳产业"和新兴产业。据中国社科院老年研究所测算,目前中国养老市场的商机约4万亿元,到2030年有望增加至13万亿元,这意味着亿万老人背后潜藏着巨大的隐性刚需。

四、养老服务体系建设是优化产业结构的重要方面

由居家、社区、机构共同构建的养老服务体系建设,需要养老产业和养老事业提供的硬件设施和软件服务的支撑。社会养老产业具有链条长、涉及领域广的特点,在我国老龄化日益严重的情况下,养老产业作为第三产业的重要组成部分,将迎来大发展机遇。经济新常态的一个重要特征就是:在强大内需的拉动下,第三产业高度繁荣,带动第一产业和第二产业健康发展。为适应当前我国经济环境和经济形势的变化,要深入挖掘各产业内部结构的变化,细化产业的特点,采取针对性的措施。养老产业是综合性服务业,在当前中国外贸乏力、内需不振的形势下,大力发展养老产业是调整产业结构、刺激消费、促改革、惠民生的重要手段。把大力发展养老产业作为经济新常态下转型升级、优化产业结构的突破点,是非常明智的战略选择。

五、养老服务体系建设是确保社会和谐稳定的基石

独生子女的制度和家庭小型化,造就了独生子女家庭需要面对四个老人的压力,以往的家庭养老模式难以维持。如果老年人的供养存在危机,那么社会的安全感就会减弱,不利于社会的稳定。发展居家和社区养老服务,完善社会保障体系,是促进社会稳定、构建和谐社会的有力举措。随着民生建设进程的加快,随着老年群体快速增长,过去的利益格局将会发生巨大变化,在经济社会转型过程中保障老年人的利益,是确保社会和谐稳定的重要基础。

第二节 养老服务体系建设面临的机遇

一、习近平新时代中国特色社会主义思想强调老有所养

党中央、国务院高度重视养老服务体系建设,对老年人晚年生活的关怀成为国家积极倡导并大力扶持的一项社会责任,同时也是创建和谐社会必不可少的一项社会保障。习近平新时代中国特色社会主义思想强调坚持以人民为中心,坚持促进人的全面发展、全体人民共同富裕,把人民对美好生活的向往作为奋斗目标,将增进人民福祉作为国家发展的根本目的。中共十九大报告明确了我国社会保障改革与发展的目标与方向就是不断增进人民福祉,全面建成覆盖全民、城乡统筹、权责清晰、保障适度、可持续的多层次社会保障体系,在解除人民生活后顾之忧的基础上,使"幼有所育、学有所教、劳有所得、病有所医、老有所养、弱有所扶、住有所居",以满足人民日益增长的美好生活需要。习近平总书记在调研养老产业时强调,我国养老服务产业发展跟不上老年人口增长速度,必须要完善相关制度、改变思路,切实推进养老产业的发展和完善养老服务体系建设。如今正值我国健康与养老服务业的黄金发展时期,建成完善的养老服务体系是全面建设社会主义现代化国家新征程的重要内容。

二、人口老龄化为养老服务体系建设提出迫切需求

据预测,2030年我国60岁以上老年人口将达3.71亿,2050年老年人口占全国人口的1/3。人口老龄化是社会人口发展的必然趋势,家庭小型化使传统的养老模式难以维持,根据人口老龄化发展的需求,建立相对完善、符合社会发展需要的社会养老服务体系成为当务之急。养老服务体系建设的目标是老年人家庭赡养、社会保障、社会服务、社会优待、社会参与等各项权益保障得到全面加强;以居家为基础、社区为依托、机构为支撑、医养相结合的养老服务格局进一步完善;涵盖服务供给、服务保障、政策支撑、需求评估、行业监管"五位一体"的社会养老服务体系基本建成;老年友好城市和老年宜居社区建设富有成效。这就为养老服务机构建设、老年护理及特殊服务设施研发生产、康养护理人才培训、养老及长期护理医疗健康类保险产品开发、老年精神需求类产品开发等方面提供了良好的发展机遇。

三、养老服务体系建设的政策环境不断完善

近年来,国务院办公厅和中央政府相关部委制定出台了一系列养老服务体系建设的政策,包括《"十三五"国家老龄事业发展和养老体系建设规划》《关于金融支持养老服务业加快发展的指导意见》《关于做好医养结合服务机构许可工作的通知》《关于开展长期护理保险制度试点的指导意见》,这些相关部委的文件和联合的发文构成了养老服务业中最直接的、带有指导性和趋势性的政策。宏观层面包括金融支持养老服务业的政策、医养结合政策、服务机构的许可、长期护理保险试点、民营资本介入养老服务业、中央财政支持居家养老和社区养老、整合改造闲置社会资源发展养老服务、养老服务业放管服等;包括直接的养老服务政策和间接相关产业和相关行业的政策,这些政策是顶层设计的重要组成部分,是未来养老服务业能够直接受益的非常重要的支持性政策。微观层面包括高龄津贴、机构养老安全、彩票公益金使用、公建民营机构的改革试点、老年宜居建设、老年人照顾服务项目、心理帮扶等。

四、科技革命为养老服务体系建设提供技术支撑

我国正处在全面建成小康社会的进程中,大数据应用对我们深刻领会世情和国情,实现科学发展,做出科学决策具有重要意义,大数据的发展也正不断地影响着养老服务业的发展。大数据应用对提高养老服务科技含量和提升养老服务的质量和水平有着重要的作用。国务院2015年印发的《关于积极推进"互联网+"行动的指导意见》明确提出了"促进智慧健康养老产业发展"的目标任务。智慧养老,是利用信息化手段、互联网和物联网技术,研发面向居家老人、社区的物联网系统与信息平台,并在此基础上提供实时、快捷、高效、低成本的物联化、互联化、智能化的养老服务。智慧养老能够帮助养老机构、社区大幅提升管理效率,并使得居家养老、社区养老成为可能。"互联网+智慧养老"已经得到了政府肯定并上升到国家战略层面。把养老服务业的信息数据作为一种资源,能够使传统的养老服务业发生变革。大数据为我国养老服务业向科技化、智能化、数据化方向发展创造了新的模式。

五、社会资本对养老服务体系建设投资热情高涨

面对新一波的"银发浪潮",房企龙头、民间资本、保险资金进入养老产业的热情高涨,多种养老产业模式并行。社会资本对养老服务业的投资热情逐渐升温,最典型的是"养老地产",多家品牌房企陆续涉足养老地产领域。2015年,各类社会资本进入养老产业呈现加速态势,纷纷涉足居家养老、老年地产、老年日用品、保健品等相关领域。除了国内资本,一些知名国际品牌也加紧布局中国市场。各级金融机构加大对政府购买服务和民营企业的投资支持力度,降低社会融资成本,支持福利机构、社会团体、民营企业、小微企业、个体工商户参与和投资居家服务、社区、农村养老产业。同时,国家鼓励大型企业、医疗机构、社会资本参与养老产业发展;保险、房地产、旅游业与养老产业开始出现深度融合态势,推进养老产业、产品多元化与社会养老服务品质提升。

第三节 积极老龄化视角下养老服务体系建设

一、积极老龄化对养老服务体系建设的要求

快速的人口老龄化进程对我国养老服务体系提出了重大挑战,在党和国家的引导下,我国养老服务事业取得了一定成就。积极老龄化理论给我们认识养老服务体系提供了新的视角,并且对养老服务的发展提出了更高的要求。以下从积极老龄化三大支柱角度出发,来分别分析积极老龄化对养老服务体系的要求。

(一)重视老年人身体、心理和精神健康

在过去的一般认识中,老年人健康主要是指老年人身体没有疾病,生活能够自理。目前我国对老年人保障的重心也基本围绕着预防老年疾病、医养结合等相关方面。身体健康是老年人参与社会的基础,但仅仅是身体健康还达不到"正面的""有活力"的积极老龄化要求。积极老龄化不仅要求老年人身体健康,还要求他们有良好的精神面貌和社会适应能力。"健康"是一个"动态的、全生命过程的概念"。这要求在提供养老服务时既要注重服务产品的专业化、技术性,又要重视提供人文性、情感性的服务。在保障老年人生理健康的基础上,不断满足老年人的精神、心理和社会需求。

(二)尊重和保障老年人参与社会的权益

"积极老龄化"中"参与"的内容包括多个方面,既有老年人再就业,参加社会物质生产,获取经济收入的内容,也包括老年人参与家庭家务劳动、社会志愿活动、社会文化活动等内容。在积极提供养老服务的过程中,要重视老年人社会参与的权利和老年人价值。退休老年人作为全社会成员的组成部分,有权利再度投入社会,实现自身价值。老年人的价值不仅表现在劳务过程中,还表现在社会文化传承方面,老年人将自身积累的文化底蕴、人文修养通过言传身教的方式传授给下一辈群体,这是社会文化传承的重要环节。但老年人的"弱势群体"地位导致其在参与社会的实践中往往遭受制度和保守观念的限制。这需要有关部门相互配合,为老年人提供参与社会的机会,并给参与社会的老年人以多方面支持,保证其参与社会的基本权利。

(三)构建全面的老年人社会保障系统

"积极老龄化"老年人"保障"的内容不仅包括对老年人提供养老金、养老补贴等经济意义方面的保障,还包括健康保障、生活保障和安全保障等方面的内容。从社会角度出发,对老年人保障的理解包括"保护"的含义。构建老年安全网,实施老年人社会保护措施,从根本上讲就是在保障老年人正常生存生活条件的基础上,保护其享有完整的社会发展权益。老年人是社会上的弱势群体,面临着年老、失能、失智风险加大的情况,需要国家和社会多方面采取措施,建立为老年人群体应对各种风险的社会安全网。

二、我国养老服务体系问题剖析

(一)养老服务体系中的理念问题

第一,社会对老年人的认识存有偏见。在市场经济社会中,老年人被当作一种不再创造经济价值的"人口负担"。相对于劳动力人口,老年人群体的消费能力大于生产能力,是经济社会发展的"包袱"。老年人的这种标签是被市场社会建构出来的,而老年人在进入老年期后又趋向于接受这种标签意象,认为自己没有价值,退休后置身事外,于是更加消极度日,进入反复的消极循环中。这种对老年人消极、物化的认知不仅体现在社会心理中,还体现在养老服务体系的政策理念中,比如开设集中化养老院、老年人强制退休等,而积极老龄化则提倡就地养老、居家养老、老年人参与社会等。

第二,养老服务体系中存在理念偏差。在我国全面放开养老服务市场的政策背景下,许多企业在利益的驱动下开始加入养老服务领域,这在一定程度上对养老服务体系发挥了补充作用,但也存在养老服务产品过度商品化、养老服务不规范、设施不合格等问题。归根到底,主要是因为市场在提供养老服务中存在理念问题,大致可以归纳为养老服务体系理念唯商品化、技术化倾向,养老服务的人文性、社会化、情感性关注不足。这与老年人的养老服务需求不相匹配,也与养老服务的公共产品属性相背离。

第三,老年人参与社会面临诸多问题。我国目前实行老年人强制退休政策,这是在新中国成立之初仿效苏联实行的政策,目的是最大限度地发挥人口的劳动能力。然而伴随着我国经济社会的发展,老年人健康余寿延长、自理能力提高,如今一般政策规定的男性60周岁、女性55周岁的退休年龄已经不再适合我国国情。而退休后身体健康,有能力、有想法再次参与劳动力市场的老年人因为待遇大打折扣,其参与社会的决心也受到阻碍。再加上退休后与原有社会群体的分离,造成老年人社交圈子缩小,家庭矛盾频发,也导致了老年人参与社会受阻。

(二)养老服务体系中的制度问题

第一,养老服务体系中法律制度不健全。1996年,我国颁布了《中华人民共和国老年人权益保障法》,这是我国颁布的第一部保护老年人权益的法律,但由于颁布的时间过于仓促,法理论证不充分,社会调查不细致,该法律在具体适用中产生了许多问题。之后我国虽然也制定了一系列保护老年人权益的法律,但没有一部规范现代养老服务事业的法律,这就使得养老服务的参与主体权责不明,老年人相关权益难以保障。

第二,养老服务体系中的体制机制不顺。在养老服务体系中,政府、市场和社会是养老服务体系的重要参与者,政府处于主导地位,社会参与、市场运作,这是三者的基本分工。但是在具体操作中,由于三者权责不明,政府在养老服务提供中常以管理者自居,"政府主导"变成了"政府主办",与市场争利时有发生,这就限制了民间力量多元主体参与养老服务事业。

第三,养老服务政策规范过于粗放。首先,我国政府颁布的有关养老服务政策文件仍然以纲领性、原则性条款为主,在具体养老服务体系安排上缺乏精细化条款,这就导致许多养老服务政策难以落实。其次,我国人口统计数据不准确,地方政府对老年人养老服务体系缺乏可靠依据,导致政策相互抵牾、碎片化的情况时有发生。最后,我国地区、城乡之间发展不均衡导致养老服务体系难以做到公平有效,公共养老服务资源难以提供给最有需要的人群。

(三)养老服务体系中的结构问题

第一,养老服务供需错位,供需矛盾突出。政府直接提供和引导社会生产的养老服务总量不足,不能满足需求。此外,针对居家养老、社区养老和机构养老的服务覆盖人群有限,不能满足广大群众养老需求。另外,公办养老机构承载了过多养老服务需求,收治了过多身体健康和经济条件较好的老人,而很多"三无"老人和"五保"老人却"一床难求",未能实现底线公平。

第二,服务内容较为单一。政府未能有效激活市场,表现在老年产品用品的品种单一,性能不高,自主研发和生产的能力不强,动力不足,尚未形成一大批大型企业和知名品牌。在老年金融服务方面,适合老年人的金融服务内容相对传统,难以满足老年人的多样化金融服务需求。在医养结合服务方面,片面强调老年人的生活照料与就医需求,重医轻养,或者以医代养,忽视了医养资源与机制的合理有效整合,难以满足老年人的多元养老需求。

第三,民间资本参与养老服务受限。虽然近几年政府也在鼓励更多主体参与其中,但养老服务生产的民间资本准入限制过多,且养老服务业的盈利水平低,政府购买养老服务对市场的培育作用有限,养老服务生产难以扩大。

三、政策建议

人口老龄化是我国的基本国情,"积极应对人口老龄化"是党的十九大重大战略部署,完善养老服务体系,增进老年人参与感、获得感和幸福感,是我国老龄事业发展和养老体系建设规划的重要目标。

(一)采取积极行动,促进老年人身心健康

第一,要积极开展健康教育,养成良好的生活方式。医院、学校、社区等主体要积极深入群众之中,开展全民的健康教育,尤其要针对中老年群体,使其了解到常见老年病预防、慢性病康复知识等,提升老年人对健康的认识。老年人个人方面也要养成良好的生活习惯,积极锻炼身体,规律饮食,克服不良卫生习惯,建立良好的生活方式,提高个人的健康素养。

第二,积极开展老年人优先的医疗护理服务。老年人身体特殊,处于人生慢性病和老年人疾病的多发期,需要经常性的医疗护理服务。老年人群体在社会上处于弱势群体地位,因此需要给老年人提供优先的"一站式"服务。根据老年人医疗服务需求不同,针对急症需求、急症后期康复需求和长期慢性病、失能照护需求,建立专门的老年人医疗服务体系。另外,要积极发展老年医学,制定激励和补偿机制,提升医院老年病科地位。

第三,建设老年人宜居环境,提升老年人生活生命质量。首先,良好的自然环境和卫生条件是保证老年人身体健康的基础,因此要在全社会范围内开展环境保护,维护好良好的生存生活环境。其次,要对老年人生活区域进行适老化改造,包括社区公共活动空间、老年人家庭内部无障碍改造等,为老年人打造安全舒适的生活环境是保障老年人幸福生活的硬件基础。

(二)完善制度体系,保障老年人社会参与权利

第一,政府主导,制定和完善保障老年人社会参与的相关法律法规和政策制度,从法律层面保障老年人社会参与的权益。为保障立法和政策制定的科学性和可行性,政府应当邀请不同领域专家、老年人群体代表等参与到立法和政策制定的过程之中。在法律和政策制定之后,应当积极宣传,鼓励和引导老年人积极参与社会,依法维权。

第二,市场配合,提供多渠道社会参与机会。首先,要在全国各省市建立老年人人力资源市场,并不断扩大老年人参与市场活动的覆盖面。其次,根据不同老年人群体需求,增加老年人社会参与途径。老年人社会参与需求包括多层次多方面,从内容上分有再就业需求、志愿服务需求、文化娱乐需求等,从层次上分有生存需求、发展需求、自我实现需求等。这需要市场灵活配置资源,满足不同群体老年人的不同层次社会参与需求。

第三,大众响应,转变观念,支持老年人社会参与。老年人参与社会受限有很大原因是社会观念保守,家人不支持,因此,要转变社会舆论对老年人的消极观念,积极宣传老年人正面形象,鼓励家人支持老年人走出家门。老年人参与社会不仅能对社会做出积极贡献,也能使老年人身心愉悦,促进家人和睦、家庭幸福。

(三)实施社会保护措施,构建老年安全网

第一,巩固老年人家庭供养制度。家庭供养是我国目前主要的养老方

式。我国《宪法》规定,成年子女有赡养父母的义务。但随着人口老龄化、家庭结构不断小型化,成年子女照料老人的困难加大,家庭的养老功能逐渐弱化。在这种情况下,要做好家庭供养,就需要政府给予一定的政策支持,包括探索建立子女照料老年人专项补贴制度、赡养父母降低税率制度等;在养老服务体系方面,应当为照料老人的子女提供专业的技术指导,在老人居住的社区建立老年日托所等支援项目。

第二,完善老年人社会救助制度。老年人贫困问题是世界绝大部分国家都面临的普遍性问题,政府以社会救助的方式发挥着"兜底"的作用。我国在解决老年人贫困问题上采用了以最低生活保障制度为核心的社会救助制度。但老龄化加剧、经济社会发展不均衡使得我国原有的社会救助制度面临挑战,老年人照料问题尤为突出。为此,应建立覆盖城乡所有老年人的社会服务体系,在农村巩固"五保"供养制度,增加社会救助内容,提高养老服务标准。

第三,向老年人提供法律援助服务。我国《老年人权益保障法》规定了应当为无力支付律师费用的老年人提供法律援助。但由于老年人群体具有特殊性,应当为老年人提供更为便捷的渠道,保障老年人权益顺利实现。首先,为老年人提供"一站式"法律援助服务。降低法律援助申请门槛、优化法律援助申请流程,开设"绿色通道",坚持实行老年人优先的原则。其次,构建"一体化"服务网络。设立法律援助联系站,构建以县市法律援助中心为业务主体,乡镇法律援助工作站为基础,社区(村)法律援助点为触角,实现法律援助服务全覆盖。最后,要落实"常态化"法律宣传。通过送法下乡、志愿服务等活动,以现场法律咨询、资料发放、普法讲座等形式向老年人开展法律宣传,不断加强老年人维权意识。

第三章 典型养老模式分析

第一节 国外几种典型的养老模式

一、英国的养老服务

英国是较早进入老龄型社会的发达国家之一,也是世界上最早建立老年社会保障体系的国家之一。早在20世纪60年代,英国就进入老龄化社会,65岁以上的老年人口占到全国总人口的15%,成为世界上老年人口比例最高的国家之一。面对严重的人口老龄化状况,以及家庭养老功能的日益衰退,英国政府采取了许多对策,大力发展养老服务业,以解决日益突出的老年人问题。

(一)养老服务方式

英国的社区照顾养老服务方式有六种:一是社区服务中心。这种中心由政府出资兴办,工作人员大都是政府花钱聘请,活动经费来自政府拨款,基本上属于无偿服务。凡是老年人都可以在社区服务中心开展娱乐和社交活动,那些行动不便的老年人,则由工作人员定期用车接送他们到社区服务中心参加活动。二是社区老年公寓。这是政府为有生活自理能力但身边无人照顾的老年人提供的一种住房。公寓设有洗衣房和公共活动场所,这类公寓收费标准低,往往只限于社区内低收入老年人入住。三是家庭照顾。由家庭成员进行照顾,政府发给适当的护理津贴。四是暂托处。这是对因家庭成员有事外出而得不到照顾的老年人提供短期服务的护理机构。暂托处的照顾服务可以是几个小时,也可以是几天或几个星期。五是上门服务。这是对居住在家里、尚有部分生活能力但又不能完全自理的老年人提供的一种服务。六是社区老年人院。老年人院集中收养生活不能自理又无家庭照顾的社区老年人。老年人院是一种小型养老院,分散在各个社区,使入住的老年人不脱离他们熟悉的社区生活环境。

(二)养老服务内容

英国社区照顾包含社区内照顾和社区照顾两种模式。社区内照顾就是运用社区资源,在社区内由专业工作人员进行照顾。如利用社区中的服务设施,对孤寡老人及生活不能自理的老年人进行开放式的院舍照顾,老年人可以随时走出院舍,进入他们生活的社区。社区照顾就是由家人、朋友、邻居及社区志愿者提供的照顾。如为有各种需要的老年人提供家庭服务,这样老年人便不用脱离他们熟悉的社区,过正常人的生活。

社区养老服务的主要内容包括:

第一,生活照料(饮食起居的照顾、打扫卫生、代为购物等),分居家服务、家庭照顾、老年人公寓、托老所四种形式。对居住在自己家中,有部分生活能力,但又不能完全自理的老年人,提供上门送饭、做饭、打扫居室、洗衣服、洗澡、理发、购物、陪同上医院等服务项目。在老年公寓,生活设施齐全,公寓内还设有"生命线",一旦老年人感到不适,只要拉动"生命线"就可以获得救助。

第二,物质支援(提供食物、安装设施、减免税收等)。比如,地方政府或志愿者组织用专车供应热饭,每年约有3000万份直接送到老年人家中,2000万份送到各托老所和老年人俱乐部中。为帮助老年人能在家中独立生活,地方政府负责为他们安装楼梯、浴室、厕所等处的扶手,设置无台阶通道和电器、暖气设备等设施,改建厨房和房门等。政府对超过65岁以上的纳税人给予适当的纳税补贴,住房税也相应减少。在英国,66岁以上的老年人可以享受国内旅游车船票减免的权利,电费、电视费、电话费和冬季取暖费也有优惠的待遇。

第三,心理支持(治病、护理、传授养生之道等)。比如,保健医生专门为老年人看病,免处方费;保健访问者上门为老年人传授养生之道,如保暖、防止瘫痪、营养咨询及帮助老年人预防疾病等,每年约有60万老年人接受此类访问,家庭护士上门为老年人护理、换药、洗澡等。政府还规定了为老年人提供视力、听力、牙齿、精神等方面的特殊服务。

第四,整体关怀(改善生活环境、发动周围资源予以支持等)。比如,由英国政府出资兴办具有综合服务功能的社区活动中心,为老年人提供一个娱乐、社交的场所,行动不便的老年人则由中心定期派专车接送。同时,为帮助老年人摆脱孤独,促进心理健康,适当增加老年人的收入,社区为老年人提供力所能及的钟点场所——老年人工作室,每日 2 小时左右。另外,也有一些志愿工作可供老年人参与:目前英国约有 20% 的老年人参加了各类志愿者组织。英国各个社区经常举办各种联谊会,提出带老年人到乡间去郊游的口号,人们自愿组织起来和孤老交朋友,利用休息日和他们谈心,用自己的车带他们去郊游,或请他们到家喝茶,为老年人的生活增添乐趣。地方政府每年还帮助 36000 名老年人外出度假。

英国的养老机构可分为健康老年人居住的老年人之家和病残老年人居住的护理之家两类。在老年人之家的老年人一般没有很严重的疾病和老年病,可以自由行走,或者在他人的帮助下能行动自如,这里仅有护工负责衣食住行,而护理之家的老年人有的瘫痪在床,有的是植物人,不能进食,需要鼻饲,还有的有终末期疾病。在这里,一般每个班需要有一位注册护士工作,工作强度相对要大一些。老年人之家机构包括公立的、政府委托私人兴办的、私人兴办向地方政府立案的三类。

二、美国的养老服务

美国是世界上最发达的国家之一,各种福利制度比较完善,其老年化的步伐相对较缓。但随着社会的发展,美国面临的社会老龄化问题依然日益严峻。据《华盛顿邮报》报道,到 2050 年,大约 21% 的美国人将在 65 岁以上,这给社会和经济带来了巨大的挑战。作为一个经济高度发达的国家,其在养老服务市场化、产业化方面探索全面,社会服务高度自治,形成了比较完善的社会养老服务体系。

(一)养老服务模式

高度发达的经济,老年群体的广泛需求,促进了美国养老服务业的快速发展,不仅私有养老机构数量多,而且服务内容、方式多样化,形成了比较完善的社会养老服务体系。

在养老服务模式上,美国目前主要有两种:居家养老服务和机构养老服务。

1. 居家养老服务

居家养老服务是美国老年人最普遍选择的方式,美国等西方发达国家的居家养老不同于我国的家庭养老,它主要不是依靠家庭成员提供养老服务,而是主要依托社区的养老服务设施和组织。从老年人的心理来说,绝大多数老年人都不希望去养老机构养老,而愿意居住在家里。美国老年人同样也不例外,大约90%以上老年人都是选择居家养老服务。由于这一老年群体数量比较大,所以美国的社会养老服务机构为这一群体提供社会服务的内容、方式都比较多,可以说是十分全面。

2. 机构养老服务

美国老年人独立性很强,一般退休后不依靠儿女,政府鼓励社会力量兴办养老机构,由政府出资兴建,由民间机构管理运营,宗教慈善组织等民间团体负责做养老服务工作。根据美国老年保健计划,凡是年满65岁的美国公民,无论已经退休还是仍然在业,均有资格享受政府提供的保健服务;老年人可以根据自身的经济状况、健康状况选择不同性质、不同层次的养老机构。根据不同功能,养老机构可分为三类:第一类为技术护理照顾型养老机构,主要收养需要24小时精心医疗照顾但又不需要医院所提供的经常性医疗服务的老年人;第二类为中级护理照顾型养老机构,主要收养没有严重疾病,需要24小时监护和护理但又不需要技术护理照顾的老年人;第三类为一般照顾养老机构,主要收养需要提供膳食和个人帮助但不需要医疗服务和24小时生活护理的人。根据等级可划分为老年公寓、老年人院、老年人护理院和老年痴呆院四种。无论哪一种形式的机构,政府均给予技术支持和政策优惠,如免征地税、营业税等。同时这些养老机构必须接受政府的考核和监督,但政府仅对某些养老机构提供资助,被资助的养老机构必须达到政府的规范要求,不被资助的养老机构,政府则没有硬性规定。

(二)养老服务管理

在美国,养老服务并不完全是单一市场经济,而是将国家和个人解决问题的方式混在一起。在整个养老服务中,政府不是养老机构运营和提供长期照料服务的主体,而是以间接的方式对社会养老机构进行管理。美国政府对社会养老服务机构管理方式主要有两种。

一是通过医疗保险和医疗补助项目的实施进行监督管理。政府给老年人的医疗保险和医疗补助可以支付老年人在养老机构入住的部分开销,这笔费用由政府发放到养老机构。养老机构想要得到政府的钱,就必须符合政府的各项规定,并且在每年的质量评估中达标。政府主管部门每年对养老机构进行审查,只有符合审核标准、质量评估达标的养老机构才有可能得到政府的医疗保险和医疗补助。

二是通过监察员项目监督养老机构。从1972年开始,美国就将监察员项目作为示范项目,用以监督各养老机构的服务质量。监察员是护理院、寄宿照料之家、辅助生活机构以及类似养老机构入住老年人的保护人。一般来说,如果老年人对入住的养老机构服务质量不满意,可先在养老机构内部设法寻求解决,如果仍然不满意,可以在监察员那里申诉。在美国各地的几百个社区,都有监察员在为老年人的权益而工作。

美国还为老年人设有专门的老年人福利养老院、老年人活动中心和老年人日间托护中心。养老院提供膳宿、康乐、医疗服务,并为死亡者办理善后事宜。入住养老院的老年人基本上依靠老年年金支付维持生活,对一些收入低下的老年人,政府以公共救助的方式收养。在这些养老机构中,由营养师帮助制定食谱,为老年人一日三餐提供所需的营养。各州设有供给中心,为生病或独居老年人送食上门。一些低收入的家庭和老年人可以得到由政府提供的食品券。对各种身份老年人包括绿卡持有者、探亲访友者、旅游者等均有优待,地铁、公共汽车对老年人有特价优惠,购票时出示年龄证明即可。此外,兴办老年大学,老年人的教育基本上是免费的,成人教育中心、社区大学都有义务接收65岁以上的老年人免费进修,一些社会机构为老年人提供心理和法律服务,政府和慈善机构为有能力的老年人提供就业的机会。

三、日本的养老服务

日本相对西方国家而言,是进入老龄化比较晚、老龄化进程最快、老龄化程度最高的工业化国家之一。面对日益庞大的老龄群体,日本早在20世纪60年代,便开始建立完善的养老服务体系,并注意不断调整和优化,逐步形成了符合自身特点和需求的养老服务模式。

(一)养老服务模式

根据看护保险制度,日本的养老服务模式主要有两种:居家养老服务和设施养老服务。

1. 居家养老服务

居家养老服务,即日本所称的在宅服务,是指接受服务的老年人住在自己家里,同时接受来自外界的各种服务。日本政府非常鼓励以家庭养老为主的"在宅服务",为这类老年人提供了非常全面的服务。该服务分访问护理服务、日间护理服务和短期托付服务三类。其中访问护理服务分三种:第一种为身边护理服务,即照顾老年人吃饭、洗澡、换衣、排泄等;第二种为帮助家务服务,即做饭、做菜、打扫房间和帮助老年人在室内做适当运动;第三种为复合型服务,为兼顾前两种的服务。日间护理服务就是接送老年人到老年护理中心,为老年人提供洗浴、就餐、体检和康复训练等。短期托付服务,即随时随地将老年人托付给有短期服务业务的养老院,为老年人提供短期护理服务。依据看护保险制度要求,只要经专门机构体检认定确属需要照护的老年人,就可以得到等级不同的居家看护和生活服务,但老年人需要向所在的市、镇、村提出看护申请,然后由专门机构审查申请者是否符合需要看护的标准,确定申请者应该接受看护的程度级别。如果使用者对其安排不满意,可以向都、道、府、县的审查机关提出个人要求。根据结果,使用者可向提供看护服务的事业团体提出申请服务,选择适合自己的看护服务。经过30年的发展,日本的居家服务现在已逐步形成包括公营、民营、非营利团体在内的数量众多、种类多样的老年服务体系。

2. 设施养老服务

设施养老服务又被称为机构养老服务。在日本,设施养老服务种类多样,针对老年人不同情况开设,主要包括:

一是老年人日托服务中心。主要针对65岁以上因患有身体障碍或因精神障碍难以正常生活的老人,对其进行日常必要护理方法的指导。

二是老年人短期入住设施。此设施以65岁以上的老年人为服务对象,在其护理者因疾病或其他原因暂时无法进行居家护理时,为这部分老年人提供入住设施,对其提供护理服务。

三是护理老年人之家。它们接收65岁以上的老年人,这类老年人因身体、精神或环境、经济等原因,不能受到居家护理。

四是特别护理老年人之家。以65岁以上因身体上或精神上有严重障碍的老年人为对象,需要日常看护而又没有接受居家看护的条件,让其入住特别护理老年人之家。为这部分老年人提供护理服务的同时,特别护理老年人之家还是开展日托服务事业、短期服务事业及派遣家庭服务员等居家福利服务的基地。费用中的70%由国家负担,市、町、村则负担另外30%的费用。

五是低费用老年人之家。以60岁以上老年人为主要对象,接收那些因家庭环境、住房条件等原因难以进行居家生活的老年人,收取很少的费用。

六是老年人护理援助中心。主要对接受居家护理的老年人及其实际护理人,提供信息咨询以及进行专项指导。

七是老年人福利中心。主要为居住在本地区的老年人进行各种咨询等综合服务,以帮助老年人增进身心健康、提高文化水平。

八是其他设施。比较有代表性的是老年人福利设施工作所,根据个人愿望为其提供进行社会活动的场所,目的是让老年人发挥多年积累的经验和知识,增进老年人的身心健康和生活乐趣。这种设施一般附设在老年人福利设施当中,原则上以60岁以上的老年人为服务对象。还有比老年人福利中心规模小的老年人休息之家,是主要面向市、町、村60岁以上的老年人提供文化、娱乐和休息的场所。还有在名胜风景区及温泉地区设立的老年人休养之家,主要是为老年人提供保健疗养的场所,费用相对低廉,借以促进老年人的身心健康。

(二)日本居家养老和社区照顾服务体系

如前所述,日本政府高度重视家庭养老的功能,十分鼓励居家养老,其相关法律政策制定多以发挥家庭养老功能为目标,以家庭和家庭赡养为前提条件,强调国民自立,重视家庭在养老中的重要作用。

1. 筹资机制

日本居家养老资金筹集遵循政府为主、服务机构为辅、多种渠道并行的原则,筹资责任由政府、社会以及个人共同承担,日本看护保险制度所需资金一半源于税金、一半源于保险金,其中税金部分来自中央和地方政府财政,国家、都道府县、市町村三级政府分别支付看护保险制度所需资金总额的25%、12.5%和12.5%。

2. 服务项目

日本居家养老包括访问护理服务、日间护理服务、短期托付服务和社区贴紧型服务等类型。

一是访问护理服务。家庭护理员上门对卧病的老年人进行服务的内容主要包括身体护理(饮食、沐浴、排泄等)、家务(烧菜、盥洗、打扫房间、购物等)以及生活咨询等。

二是日间护理服务。定期早晚用车接送老年人到设在养老院里的或单独设立的"日托护理中心",对他们进行包括沐浴、用餐、日常生活训练、生活指导等各种服务。

三是短期托付服务。把老年人暂时送到养老院等机构接受短期的护理服务。在家庭成员因病或有事不能护理老年人时,这一服务为家人解决了后顾之忧。这项服务中,家庭的护理者可以短期滞留,学习并掌握护理技术。

四是社区贴紧型服务。提供夜间上门服务、失能失智老年人日托护理和多功能型居家护理等社区服务,包括"上门入浴护理""上门看护""福利用具的借贷"等。

五是其他特色形式,如"远距离护理"。日本大阪有一个 NALC 组织,成员专门从事志愿者工作,而这个工作并不是绝对无偿的。例如职业女性 M 女士的父亲已有百岁高龄,独自居住在另一个城市。由于护理保险规定,老年人只能享用四天的"家庭护理员"服务,其余几天自费去"日托中心",而"日托中心"星期天是要关门的,这时老年人由谁照顾呢？M 女士在成为 NALC 会员之后,定期利用空闲时间去少年活动中心教孩子们唱歌,教一个小时可以得一分。由于这个公司是全国范围的,所以她能用自己攒得的分数,请父亲所在城市的其他会员照顾老年人,这就很好地解决了远距离护理这一难题。而帮助照顾老年人的会员也通过这一方式为自己攒到了分数,并能以连环的形式获得自己希望的服务。由于这种等价的交换既方便、灵活,涉及项目又广,且每年只需交纳一定的会费即可,因此发展很快。

种类繁多的服务项目和福利设施,为那些因护理老年人而身心疲惫的家庭成员提供了休整的时间,使得居家养老得以顺利进行。当然,前提仍然是需要居家养老的老年人向所在的市、镇或村提出申请,经过专门机构的审核和评估确定符合看护保险制度相关标准,才能享受等级不同的生活照料和居家看护服务。

四、新加坡养老服务

新加坡是个年轻的国家,却是世界上老龄化最快的国家之一。预计到 2032 年,新加坡 65 岁以上的老年人口将达到 90 万,约占总人口的 18%。养老问题已引起新加坡政府和学术界的广泛重视。新加坡政府推行以强制储蓄为原则的中央公积金制度,为老年人的生活提供了一定的经济保障,而政府一直提倡和鼓励的家庭养老模式的成功经验更值得我们学习借鉴。

(一)"三代同堂"的"温情"政策

新加坡把"忠孝、仁爱、礼义、廉耻"视为"治国之纲",创造了尊老敬老、赡养老人的良好社会氛围。

《赡养父母法》规定,凡拒绝赡养父母或拒绝资助年迈父母者,其父母可以向法院起诉,如发现确实未遵守《赡养父母法》,法院将判决对其罚款一万新元或一年有期徒刑。新加坡根据该法又设立赡养父母仲裁法庭,由社会工作者和公民组成,地方法官担任主审,调解不成的可由仲裁法庭开庭审理裁决。同时,新加坡建屋发展局对与老人同住组屋的家庭提供便利和优惠,如在分配政府组屋时对三代同堂家庭给予价格优惠和优先安排;规定单身青年不可租赁和购买组屋,但愿意与父母或 50 岁以上老人同住的可优先考虑,同丧偶的父母或残疾兄弟姐妹一起居住的纳税人可享受父母及残疾兄弟姐妹税务扣除的优待等。

此外,政府为鼓励儿女与老人同住,还推出一系列津贴计划,为赡养老人的低收入家庭提供养老医疗方面的补助,以减轻其家庭负担,提高赡养老人的积极性。新加坡政府自 1993 年以来推出了 12 个"公积金填补计划",其中 4 个是专门的"敬老金计划"。在医疗方面,政府规定家庭成员平均收入在 700 元新币以下的老人,可以到社区发展理事会申请加入基本护理合作计划,到家庭附近的私人医院或牙科诊所看病时能享受政府的医疗津贴。因病重而残疾的人,如家庭每月人均收入不足 700 元新币,每月可获得 180 元新币援助金。正是因为政府为赡养老人的家庭提供了得力的经济援助,使得这些家庭的老人在住房、医疗等方面确实享受到实惠,所以绝大多数新加坡人选择家庭养老方式,便利之余还能享受天伦之乐。

(二)新加坡家庭养老模式的启示

社会老龄化加快,"421"的家庭结构、核心家庭的普遍化,以及传统家庭观的变化,使我国家庭养老模式面临巨大挑战。为了应对这些挑战,我们应当借鉴新加坡的成功经验并采取以下对策:

一是在建设社会养老体系的过程中,不可忽视家庭养老。应继续弘扬孝道传统,将家庭养老作为我国养老保障的重要支柱,舆论部门要做好宣传引导工作,政府部门应通过立法等手段强化老年人受赡养的权利,增强养老法制观念,强调赡养人应履行"对老年人在经济上供给、生活上照顾、精神上慰藉"的义务,维护老年人的尊严,对侮辱虐待老人、拒绝赡养老人等情节严重者追究法律责任。

二是给予贫困家庭以适当的经济援助。我国目前的贫困家庭人口主要是城镇下岗人员和农村贫困地区的农民。可以借鉴新加坡的做法,对于有老人的三代同堂的贫困家庭,给予定期或不定期的经济补助并减免个人所得税,在购房、老人医疗等方面给予照顾和优惠。由于人均寿命的延长,两代老人同时在世的情况日益增加,下一代退休老人照顾上一代老人是目前可倡导的家庭养老模式。对于下岗、退养人员,政府若能通过保障体系向这部分人分配适当的社会资源,将有助于有效地满足家庭养老需要。

三是发挥社区服务的作用,为老年人提供家政、保健、咨询、应急服务等。政府和社会共同发展老年社区服务产业,不仅可减轻子女养老压力,而且方便老年人在不脱离原来生活环境的前提下享受到社会服务,避免产生心理上的孤独感,为家庭养老提供有效的保障。

第二节　国内主要养老模式

20世纪90年代以前我国的养老模式主要为家庭养老和机构养老,其中,家庭养老占据了绝大部分。由于养儿防老思想的深入,加之机构养老供给有限,所以长期以来我国主要以传统的家庭养老作为老年人的养老模式。步入20世纪90年代以后,随着人口老龄化、少子化、家庭规模小型化、人口流动加剧的影响,传统的家庭养老受到了冲击,以子女供养老人,尤其是养老服务方面的供养变得越来越难以实现,老年人的养老问题遇到了很多的困境。在此背景下,陆续出现了很多新型的养老模式,如社区居家养老、以房养老、异地养老、互助养老、医养结合等。

一、家庭养老

家庭养老是指老年人居住在家中,其养老服务或经济供养由家庭成员提供,这种养老模式的基础是家庭具有一定的规模,通常在三代及以上的家庭中适用。子女在年少时由父母抚养,等到父母老后子女再赡养父母,在两代人之间互惠均衡,所以可以看作是一种反哺式养老模式。这也是最为传统的一种养老模式。

二、机构养老

机构养老是指老年人到国家、企业、个人等依法设立的养老服务机构中接受免费的或有偿的专业性养老服务的一种养老模式。其中,服务机构包括为老年人提供饮食起居、清洁卫生、生活护理、健康管理和文体娱乐活动等综合性服务的机构;养老机构主要有社会福利院、养老院、敬老院、老年公寓等类型。

三、社区居家养老

社区居家养老于 20 世纪 90 年代被提出,是指以家庭为核心、以社区为依托、以专业化服务为依靠,为居住在家的老年人提供以解决日常生活困难为主要内容的社会化服务。社区居家养老包括两种形式:一是老年人居住在家中,由社区的服务机构提供上门服务;二是老年人走出家门,到社区的日间照料中心等服务机构接受养老服务。社区居家养老模式的出现使得老年人仍然可以居住在家中,而养老服务从原来的子女提供变成由子女和社区共同提供,这样可以很好地弥补传统的家庭养老的不足。

四、医养结合

长期以来医疗机构和养老机构相互独立,自成系统,老人一旦患病就只能在家庭或养老机构与医疗机构之间往返,甚至有一些患有慢性病的老人长期把医院当家、把医院当成养老院,使得真正需要住院的病患无法接受救治,极大地浪费了医疗资源。而医养结合就是把养老服务和医疗服务合并在一起,通过在医院设立养老床位、在养老院设立医疗床位,或者由社区医疗卫生站为居住在家中的老年人提供医疗服务等形式,保障老年人健康地度过老年生活。利用"医养一体化"的发展模式,可以把医疗、生活、康复、养护、养老等结合为一体。

五、其他模式

除了上文中介绍的养老模式之外,还有以房养老、异地养老、互助养老等形式。

以房养老是指老年人把自己拥有产权的住房抵押给银行、保险公司等金融机构,由上述机构支付给老年人金钱,以弥补他们在经济上的不足。以房养老是一种反向抵押贷款,主要目的是实现房屋价值上的流动,为老年人在余存的生命期间,建立起一笔长期、持续、稳定乃至延续终生的现金流入。

　　异地养老是指老年人离开现有的住宅,到外地居住养老的一种模式,包括旅游养老、候鸟式养老、度假养老、回原籍养老等。旅游养老适合身体健康及经济能力较好的老年人,到全国各地甚至国外旅游观光,不仅可以领略到大自然美丽的风光,还能了解各地的风土人情,有助于老年人的身心健康。候鸟式养老指老年人冬季到温暖的南方避寒,夏季到凉爽的北方避暑,这对于有季节性疾病的老年人尤其适合。度假养老适合一些身体健康状况欠佳但可以远行的老年人,到环境优美、气候适宜地区的养老院或疗养院进行疗养。回原籍养老是指年轻时在外地工作,等到退休后回到自己祖籍生活的一种模式,这也是源于中国人落叶归根的传统思想的一种养老方式。

　　互助养老主要依靠老年人之间进行互相的照料、帮扶与慰藉,形成伙伴式的养老模式。这种方式可以作为社区居家养老的补充,通过发起成立互助社,带动低龄老人服务高龄老人,或同龄老人中较健康的服务欠健康老人,以互助的方式解决社区养老问题,为社区居家养老提供低成本运营和满足深度需求的互助式的系统解决方案。这种方式在城市和农村同样适用,其互助内容更倾向于生活照料和精神慰藉,但是对医疗护理的互助相对比较困难。

第三节　国内外养老模式的对比分析

　　经过以上的分析我们发现,尽管同样面临人口老龄化的威胁,但是东西方国家由于思想意识的差异在养老模式上也采取了不同的方式。最突出的不同就是对待子女等家庭成员的态度方面。英国和美国虽然也有居家养老,但更强调的是社区的照顾,哪怕是老年人居住在家中,也是以自我照料为主,很少涉及子女的义务。反观日本和新加坡,比较重视家庭成员的作用。日本提出"一碗汤的距离",意思是子女把一碗刚做好的汤送到父母家时,汤还是热的,即建议子女和父母就近居住,必要时给予照料。同时,政府通过看护保险制度的推行极大地降低了老年人的护理费用,且丰富了居家养老的服务内容,对老年人居住在自己的家中养老有非常大的促进作用。新加坡更是大力推广传统的家庭养老,既满足了老年人的根本意愿,同时也解决了老年护理机构和专业人士不足等社会问题。

  我国则是把传统的孝道思想和新型的养老模式结合在一起。早在"十一五"期间上海最先提出了"9073 计划",即 90% 的老人依靠家庭养老、7% 的老人依靠社区养老,还有 3% 的老人依靠机构养老。现实中虽然大多数老人确实选择了家庭养老,但是以自我养老为主,子女的贡献非常有限,而社区居家养老的供给与需求也不相匹配,机构养老出现一床难求和闲置床位共有的局面。所以采用何种养老模式解决老年人的养老困境,要根据养老模式和老年人自身的特点来选择,也是我们接下来要研究的主体内容。

第四章 新时代养老保险与养老产业体系

第一节 养老管理体系概述

一、我国老年服务管理体制的主要问题

我国老年服务管理体制在过去几十年里有了很大的改进,明显朝着更加法制化、社会化、科学化、高效化的方向发展。但现行老年服务管理体制还不能够说已经十分健全,还有不少问题。

(一)养老保障法制化程度低

进入 21 世纪以来,我国立法机关明显加快了老年保障立法的进度,立法的透明度和全民参与的程度也在不断提高。但从总体来看,老年保障仍然是立法的薄弱领域,老年保障事务在很大程度上还是依赖国务院有关规定、指导意见和部门规章以及地方性规章运行,其中行政管理机构起着实质性的作用。立法缺位导致制度具有较大的不确定性,行政机关主导决策,制定过程高度封闭同时又得不到有效监督和制约,无论怎样公平、公正,都难以实现让其他责任主体平等参与制度建设的目标,很难保证政策的公正性和公信力。由统筹地区制定的老年保障法规和政策层次低、效力差,且不同地区差异较大,无法相互认可,使得政策"碎片化"现象更加严重。

(二)政府养老服务行业管理职能比较薄弱

主管部门应当承担的设置规划、审批、年检、机构评估、提供行业发展服务方面的职能偏弱,完善的行业管理体制尚未建立,存在养老服务体系还不健全、建设标准和服务规范缺乏、行业准入缺失、机构自律和市场监管缺位等方面的问题。

我国养老服务市场发育还不充分,民办养老服务机构发展的制约因素比较多,致使行业开放不足、社会资本参与程度不高、运行机制不灵活。国家针对民办养老服务机构虽然下发了文件,在税收、土地、信贷、水、电等方面做出了原则性的规定,但由于有关部门和地方没有制定可操作的措施和办法,国家政策落实难的情况还普遍存在。与此同时,一些享受国家补贴的本应主要面向低收入的、难以被市场接纳的老年群体的公办养老机构直接参与市场竞争,入住对象不管贫困与否不做甄别,挤占了民办养老服务机构的发展空间。由于主管部门行业指导和行业管理缺位,民办养老服务机构基本上处于自由放任状态,在行业指导、接受监督和行业自律上非常欠缺。行业组织照搬政府部门的模式,在横向沟通交流和对上反映诉求方面渠道不畅。同时,因国家没有颁布行业服务标准,对服务的监管和对纠纷的处理还很不规范。近年来,围绕着社会养老服务还衍生出互助养老、以房养老、旅游养老、候鸟式养老(随着季节和时令的变化而变换生活地点的养老方式)、异地养老等不同的养老方式。预计随着老年消费结构的升级,社会养老服务领域还会出现更多更新的经营模式,在这方面政府的行业管理能力还很弱,有关行业管理的准入、监管、服务规范、标准不够完善。

(三)主管部门统筹养老事业的权限不足

在政府管理体系内部,存在着权力较为分散的弊端,导致主管部门难以集权监管和有效问责。尽管民政部门对社会养老服务体系建设负有政策促进和监督管理之责,但由于针对各类养老机构的优惠政策涉及民政、劳动保障、教育、卫生、工商、税务等许多部门,单靠民政部门难以统筹协调,各个部门之间无法形成合力,直接影响了养老服务行业的健康发展。特别要指出的是,民政部门长期以来形成的对公办养老机构的直接管理方式不见得适用于对养老服务行业的监督管理。实际上,目前对社会养老机构的监督工作由各级民政部门、卫生部门、消防部门、社区等主体承担,民政部门对养老机构的监督管理仅集中在原则上的报告审批、程序规范性的审查,对于机构实际情况缺乏了解,且在监督和评估的过程中往往容易出现多头管理、互相推诿的情况。

(四)老年服务行业管理方式十分粗放

老年服务资源被城乡、部门、单位分割,没有得到有效整合。由于政府职能部门的分割,造成民政、卫生等部门的资源难以互换共享,甚至在区域之间、城乡之间发展不平衡,即使在同一地区,由于缺乏科学的规划指导,养老机构有的要排队等候、一床难求,有的无人问津、床位闲置。由于缺乏顶层设计和总体规划,我国还未根据照料程度的不同对养老机构的功能定位进行区分。由于我国养老服务行业发展还处于初期阶段,大多数养老机构还属于混合型养老机构,专业化程度比较低,收养对象参差不齐,既有生活能基本自理的,也有长期卧床不起的,甚至还有患有精神疾病或智力缺陷的老人。在划分养老机构类型的时候,往往不是按照养老机构的功能分类,而是按照行政级别、设施规模、所有制形态等分类,既不科学又不合理。从目前我国养老机构的功能来看,除属于卫生部门主管的老年护理医院(也称老年护理院)与民政部门主管的老年公寓在收养的老人所需照料程度上有明显差别外,一般的社会福利院、敬老院均未进行功能定位,其收养的老人涵盖从生活基本能自理的一直到长期卧床不起的,甚至需要"临终关怀"的。这些养老机构只是在机构内部按收养老人所需照料程度的不同,分成专门护理、一级护理、二级护理、三级护理等几类,实行分部或分区管理,尚无专门收养需专门护理和一级护理的养老机构。这种不加区别的粗放管理方式已经难以适应人民群众多层次、多样化的养老服务需求现状。

(五)公办养老机构仍按照行政方式运行

由于职能转变不到位,原有体制的障碍和束缚尚未完全破除。主管部门既是政策制定者,也是养老服务业举办者,还是养老服务行业管理者。主管部门管理着规模庞大的直属单位(民政主管部门除管理养老机构外,往往还管理着社团、殡葬、婚姻、社会福利、社会救济等社会服务机构,业务范围非常宽),主要精力被牵扯到系统内部的管理上,面向全社会的社会管理和公共服务职能受到制约。客观地说,许多地方在养老服务管理体制方面,已经形成了政事分开、管办分离的改革思路,也进行了一些探索,但一直没有找到有效的实现形式。现实中公办养老机构仍依照行政机关的模式进行管理,缺乏有效的激励竞争机制和合理的分配制度,自我发展的动力和活力明显不足,不能适应日趋多样化、个性化的养老服务需求,造成了严重的结构性矛盾。在主管部门的庇护下,一方面,公办养老机构同民办养老机构一起参与养老服务市场活动,不少公办养老机构主要接收能够自理的老人或经济条件不错的老人,而非"三无"对象,造成服务对象的错位,偏离了政府举办公办养老机构的功能定位;另一方面,公办养老机构又享受着公共资源的倾斜支持,极大地扭曲了养老服务市场。

二、我国养老管理体制改革的思路与建议

我国正在经历世界历史上规模最大、速度最快的老龄化过程,要实现"老有所养"的目标,必须加快完善养老服务体系,特别是要构建科学合理的养老服务管理体制。

(一)养老管理职能与举办机构职能分离,推动政府职能向提供基本公共养老服务和监管转变

转变在社会主义市场经济条件下,政府没有也不可能满足所有老年人口的养老服务需求,但是在一个社会中总有一些收入较低的老年人需要在政府的支持下获得基本的公共养老服务,这是政府举办公办养老机构的立足点。公办养老机构应当坚持"保基本",尽可能提供免费服务,或是低于成本、收费很少的服务,重点保障农村"五保"、城市"三无"、城乡低收入和失能、失智等特殊老年群体的基本养老服务,努力实现城乡基本公共养老服务均等化。

应将现有管理不规范、服务水平差的公办养老机构,委托给社会力量来管理和运营,明确公办养老机构在各类所有制性质的养老机构中起到基础性、示范性的辐射带动作用,同时要积极探索政府花钱购买养老服务的机制。对现有的公办养老机构要创新管理方式,改革内部管理体制和运行机制,要改变过去直接办养老服务机构的模式,积极探索政事分开、政社分开、管办分开、营利性和非营利性分开的多种实现形式,落实公办养老机构的独立法人地位,建立科学、合理的公办养老机构管理体制。政府主管部门要切实履行好发展规划、资格准入、规范标准、服务监管等养老服务行业监督管理职能,应该将主要精力集中于制定相关政策和发展规划,从具体事务性管理转为用政策法规管理,从行政隶属管理转为行业管理,从直接管理转变为间接管理。政府主管部门要对养老服务资源进行科学合理配置,实行全行业属地化管理,对所有养老服务机构,不论所有制、投资主体、隶属关系和经营性质,均由所在地民政部门实行统一规划、统一准入、统一监管。

(二)尽快实现老年服务全领域管理

由于老年服务行业是一个很宽泛的概念,民政部门要切实履行养老服务行业主管部门的监督管理职能,将所有社会养老类服务机构、社区服务、居家服务都纳入行业监管范围,实行属地管理,民政部门对各类养老服务机

构要统筹安排、合理布局、统一管理,避免重复建设。要鼓励养老机构进行行业自律管理,推动养老服务行业健康发展。所谓行业管理是以政府职能部门和相应的行业组织为管理主体,以政策和协调为主要服务内容,以间接管理为手段,涵盖全社会同类产品生产者的管理体制。

我国在这方面已经有所探索,包括20世纪末上海浦东新区成立的社区服务行业协会,21世纪初成立的社会福利协会,以及我国老龄产业协会起草议定的《全国民办养老服务机构和组织自律公约》等。但鉴于我国是一个行政本位长期占主导地位的国家,没有行业协会自律自治的传统,并且行业自律管理必须依赖于社会公德、职业道德和信用体系的建立和实行,而我国相关社会基础十分薄弱,再加上公办养老机构和从业人员长期按照行政方式运作,自主化的养老机构和养老服务市场远未形成,实行行业自律管理仍然有很长一段路要走。在现阶段,宜采取以行政主管部门的监督管理为主,行业自律管理和机构自我管理相结合的管理体制。

(三)建立适度集中、权责一致的养老服务行业管理体制

我国养老服务体系建设整体上处于初始探索阶段,特别是民办养老服务机构处于发展初期,一般规模都不大,养老服务体系建设普遍缺乏政策上的有效支持,这与目前分散的政府管理体制是有关系的。社会养老服务体系建设虽然由民政部门主管,但由于养老服务涉及国土资源、财政规划、住房城建、卫生教育、文化体育、公安消防等诸多部门,民政部门的政策促进力度十分有限。即使作为行业主管部门,民政部门对面向所有老年人,内容涵盖生活照料、康复护理、精神慰藉、紧急救援和社会参与的社会养老服务体系的管理职能仍然是孤立的、分割的、不全面的,民政部门的管理中心集中在机构服务方面,而对广大老年人需要的社区康复、文化、娱乐、家政等福利服务则缺乏统筹规划和监督管理,有些职能还没有明确主管部门。目前,养老机构的建设管理由民政部门承担(少数地方民办养老机构的建设管理由老龄委办公室承担),居家养老服务工作绝大多数由老龄委办公室承担。

至于养老服务体系建设的牵头负责部门,现在还没有明确的规定,各地有民政部门牵头的,也有老龄部门牵头的。从促进养老服务行业健康发展出发,建议将分散在组织人事、机构编制、发展改革、财政、价格等行政部门关于养老服务行业管理的职能适度集中起来,由民政部门统一行使,让养老服务主管部门真正成为养老服务全行业管理者,保证其具有充足的经费支持、独立的人事权力和具有强制力的监督权力,逐步实现各级养老服务机构、家庭养老服务和社区养老服务归民政部门统一管理。要明确民政或老龄部门作为养老服务(护理)职业培训的业务主管单位,赋予民政部门对养老服务培训的职业资格发证权和技术职称评审权(人保部门实施监督管理),民政部门与教育部门配合推动在高校开设养老服务(护理)专业,培养较高层次的养老服务管理和技术人才。完整的行政主体是职能、权力和责任的有机统一体。在现代政府理论中,越来越强调权责一致的原则,即权力与责任配置相一致,并通过问责促使行政主体依法行使权力。因此,在权力向主管部门集中后,要建立对民政部门的问责机制,这也是我国政府机构改革的基本目标。

(四)大力推进社会养老服务机构的分类管理制度

在扩充养老服务资源导向进程中,我国养老服务体系的基本框架初步确立,民办非企业、企业等按不同性质进行分类管理的体系初步确立。我国养老服务行业的投入体制发生了根本变化,养老机构逐步由国家、集体单一投资变为国家、集体、企业、社团、个人、外资等多元化投入,经营方式也逐步多元化。但由于对目前的民办养老机构性质、法律地位没有一个清晰的分类,导致现实中的营利性与非营利性民办养老机构被混为一谈。社会养老服务机构分类管理是指对营利性和非营利性两类组织属性不同的社会养老服务机构分开管理,明确各自的法律属性以及与之相一致的内部管理制度和外部监督制度,实行有区别的财税政策和扶持政策。

营利性与非营利性社会养老服务机构分开管理,是关系到养老服务行业健康发展的基础性制度,也是构建科学完善养老体系的要求。分类管理在医疗卫生行业中已有明确的制度规定,民办教育也正在探索进行营利性与非营利性分类管理试点,分类管理对社会养老服务机构而言则是一个新的课题。我们还没有一套明确的、符合国际惯例的非营利性组织判定标准和管理制度,也没有鼓励和规范非营利性养老机构的财税政策、产权制度、资产管理制度、会计审计制度。种种迹象表明,我国养老服务行业正面临一个发展转型的历史时期。在面临转型的关键时刻,我们要积极探索营利性与非营利性养老机构分类管理的制度,为两种养老机构的健康发展铺平道路。非营利性养老服务机构主要面向非福利性养老服务机构的服务对象且经济条件一般的普通老年群体,为其提供基本保障型服务。此类人员的养老费用以个人承担为主,经相应的养老需求评估后由政府予以适当补助。营利性养老服务机构主要面向经济条件好的老年人提供改善提高型养老服务,收费实行市场化运作,养老费用由个人或家庭承担。

第二节 养老保险保障体系

一、养老保险保障体系概述

(一)概念

养老保险是国家依据相关法律法规规定,为解决劳动者在达到国家规定的解除劳动义务的劳动年龄界限或因年老丧失劳动能力而退出劳动岗位后而建立的一种保障其基本生活的社会保险制度。养老保险的目的是以社会保险为手段来保障老年人的基本生活需求,为其提供稳定可靠的生活来源。

养老保险是在法定范围内的老年人"完全"或"基本"退出社会劳动生活后才自动发生作用的。所谓"完全",是以劳动者与生产资料的脱离为特征;所谓"基本",指的是参加生产活动已不成为主要社会生活内容。其中法定的年龄界限才是切实可行的衡量标准。

同时被保险人只有满足以下两个条件,即达到国家规定的退休条件,已办理相关手续;按规定缴纳基本养老保险费累计缴费年限满15年的,经劳动保障行政部门核准后的次月起,方可按月领取基本养老金及丧葬补助费等。

基本养老保险费由企业和被保险人按不同缴费比例共同缴纳。

需强调说明的是,法定的年龄界限(各国有不同的标准)才是切实可行的衡量标准。养老保险是世界各国较普遍实行的一种社会保障制度。

(二)主要特点

社会养老保险是世界各国较为普遍流行的一种社会保险制度,一般具有以下几个特点:由国家立法强制实施,企业单位和个人都必须参加,符合养老条件的人,可向社会保险部门领取养老金;社会养老保险基金的来源,一般由国家、单位和个人三方或单位和个人双方共同负担,并实现广泛的社会互济;由于其具有社会性,影响很大,享受的人多且时间较长,费用支出庞大,所以必须设立专门机构,实行现代化、专业化、社会化的统一规划和管理。

(三)主要作用

养老保险以老年人的生活保障为指标,通过再分配手段或者储蓄方式建立保险基金,支付老年人的生活费用。它的实施具有以下作用:

1. 有利于保证劳动力的再生产

通过建立养老保险的制度,有利于劳动力群体的正常代际更替,老年人年老退休,新成长劳动力顺利就业,保证就业结构的合理化。

2. 有利于社会的和谐、稳定、安全

养老保险为老年人提供了基本生活保障,使老年人老有所养。随着人口老龄化的到来,老年人口的比例越来越大,人数也越来越多,养老保险保障了老年劳动者的基本生活,等于保障了社会相当部分人口的基本生活。对于在职劳动者而言,参加养老保险,意味着对将来年老后的生活有了预期,免除了后顾之忧。从社会心态来说,人们多了些稳定,少了些浮躁,这有利于社会的稳定。

3. 有利于促进经济的发展

各国设计养老保险制度多将公平与效率挂钩,尤其是部分积累和完全积累的养老金筹集模式。劳动者退休后领取养老金的数额,与其在职劳动期间的工资收入、缴费多少有直接联系,这无疑能够激励劳动者在职期间积极劳动,提高效率。

此外,由于养老保险涉及面广,参与人数众多,其运作中能够筹集到大量的养老保险金,能为资本市场提供巨大的资金来源,尤其是实行基金制的养老保险模式,个人账户中的资金积累以数十年计算,使得养老保险基金规模更大,为市场提供更多的资金,通过对规模资金的运营和利用,有利于国家对国民经济的宏观调控。

随着经济的发展,我国逐步建立起基本养老保险与企业补充养老保险和职工个人储蓄性养老保险相结合的制度,从此,逐步建立起多层次的养老保险体系。

社会统筹与个人账户相结合的基本养老保险制度是我国首创的一种新型基本养老保险制度。这个制度在基本养老保险基金的筹集上，采用传统型的基本养老保险费用的筹集模式，即由国家、单位和个人共同负担；基本养老保险基金实行社会互济；在基本养老金的计发上采用结构式的计发办法，强调个人账户养老金的激励因素和劳动贡献差别。

该制度既吸收了传统型的养老保险制度的优点，又借鉴了个人账户模式的长处；既体现了传统意义上社会保险的社会互济、分散风险、保障性强的特点，又强调了职工的自我保障意识和激励机制。

（四）基本体系

1. 基本养老保险

基本养老保险（亦称国家基本养老保险），是国家和社会根据一定的法律和法规，为解决劳动者在达到国家解除劳动义务的劳动年龄界限，或因年老丧失劳动能力退出劳动岗位后的基本生活而建立的一种社会保险制度。基本养老保险以保障离退休人员的基本生活为原则，它具有强制性、互济性和社会性。它的强制性体现在由国家立法并强制实行，企业和个人都必须参加而不得违背；互济性体现在养老保险费用来源，一般由国家、企业和个人三方共同负担，统一使用、支付，使企业职工得到生活保障并实现广泛的社会互济；社会性体现在养老保险影响很大，享受的人多且时间较长，费用支出庞大。

2. 企业年金和职业年金

由国家宏观调控、企业内部决策执行的企业补充养老保险，又称企业年金。它是指由企业根据自身经济承受能力，在参加基本养老保险基础上，企业为提高职工的养老保险待遇水平而自愿为本企业职工所建立的一种辅助性的养老保险。企业补充养老保险是一种企业行为，效益好的企业可以多投保，效益差的亏损企业可以不投保。实行企业年金，可以使年老退出劳动岗位的职工在领取基本养老金水平上再提高一步，有利于稳定职工队伍，发展企业生产。

3. 个人储蓄性养老保险

2022年4月，国务院发布《关于推动个人养老金发展的意见》，个人养老金制度将结合实际分步实施、逐步推开，选择部分城市试行一年再总结推广。职工个人储蓄性养老保险成为我国多层次养老保险体系的一个组成部分,是由职工自愿参加、自愿选择经办机构的一种补充保险形式。实行职工个人储蓄性养老保险的目的,在于扩大养老保险经费来源,多渠道筹集养老保险基金,减轻国家和企业的负担;有利于消除长期形成的保险费用完全由国家"包下来"的观念,增强职工的自我保障意识和参与社会保险的主动性,同时也能够促进对社会保险工作实行广泛的群众监督。

二、养老保险保障体系存在的问题

(一)养老保险三个支柱发展不平衡

我国的养老保险体系采取三支柱结构,目前只有政府主办的基本养老保险覆盖到大部分就业人群,企业年金和个人储蓄计划的发展比较滞后,难以发挥养老保险支柱的作用。目前,第一支柱在垄断社会资源、不断加大企业和职工负担的同时,让国家承担了绝大部分养老责任,第二支柱和第三支柱的发展受到各方面因素的制约。多元、高效、互动的养老保险市场机制尚未完全形成。

(二)行政管理体制与养老金制度不相匹配

首先,目前我国大部分地区的社会养老保险统筹层次较低,主要原因是我国对养老保险的行政管理模式是属地化管理,即市(县)养老保险经办机构由地方政府管理,所以市(县)养老保险经办机构必然成为地方政府利益的首选目标。省级政府的统筹目标是综合平衡全省各市(县)、各行业部门之间的利益,所以便出现了省级养老保险机构与市(县)级养老保险机构利益的冲突,使得省级统筹难,全国统筹难,全国高度统筹更是难上加难。在"量"上我国社会养老保险实现了完美的蜕变,但经过上面的分析我们不难发现,这种分级行政管理体制使得省级统筹、全国统筹难以实现"质"的飞跃。

其次,由于征收、支出、管理全部由社保部门负责,造成了行政工作人员的浪费——我国社会养老保险的政策制定、费用收缴、投资运作、监管查处都是由社保部门负责。社保局通过单独组织一批专业人士对企业进行财务核算、监控企业员工工资,通过专业征管软件对各个企业进行调查、稽核、收缴。这一过程造成了社保基金的额外支出,甚至有些地方的社保基金40%以上被当作行政费用浪费掉了。与我国相比较,智利、新加坡、美国等国家对养老金的征收都是由税务部门操作,独立的政府部门或者私营的基金管理公司负责投资,最后统一由社保部门负责养老保险金的支出及政策标准的制定。

(三)以往双轨制的存在造成了不公平的现象,彻底消除尚需落实相关配套法律法规

我国机关事业单位与城镇企业职工的养老保险金制度在设计与运行上大相径庭,出现了目前的双轨制现象。20世纪90年代,城镇企业职工养老保险初步建立了社会统筹和个人账户相结合的部分积累制,即当代人养老费用由两部分组成:一部分是社会统筹即代际转移支付,另一部分由当代人工资的一定百分比部分储蓄支付。而机关事业单位的养老保险制度仍保持着现收现付制模式,即用年轻在职一代人的收入来支付当代退休人员的养老费用(代际转移)。由于制度的不统一,双轨制也造成了城镇企事业与机关事业单位两部分人员在参保义务及待遇水平上不平衡,引发了社会矛盾。更有专家表示,社会保险的双轨制是社会不安定的主要因素之一。

2015年,国务院发布了《关于机关事业单位工作人员养老保险制度改革的决定》,并在全国范围内全面实施,正式打响了社保改革的一场攻坚战。这次改革的主要目标是建立机关事业单位与企业统一的基本养老保险制度,在制度模式、缴费基数、费率标准、待遇计发及调整机制等方面实现两者的基本相同。

改革后的机关事业单位养老保险制度与企业职工基本养老保险制度在本质上和要素上都是一致的,从而终于实现双轨制的"并轨",这是从制度上根本解决双轨制问题的一个历史性突破。

双轨制指的是机关事业单位与企业之间在退休人员养老保障方面实行两种不同的制度,其所导致的不公平成为一个日益严重的社会问题,成为社会广泛关注的焦点。

党中央、国务院对这一问题高度重视。一方面,国务院采取措施提高企业退休人员养老金标准,使企业退休人员养老金水平普遍得到提高;另一方面,为推动机关事业单位养老保险制度改革,国务院于2008年颁布了《事业单位工作人员养老保险制度改革试点方案》,确定在山西、上海、浙江、广东、重庆五省市率先启动有关试点工作,积累了一些经验和教训。

近年来，根据中央关于社会保障制度改革的部署和要求，国家有关部门在总结过去各地方改革试点的经验和教训的基础上，深入研究推进机关事业单位养老保险制度改革的新思路和新方案。

这次由国务院下发的上述改革文件是经过党中央和国务院认真研究和审议通过之后做出的一项重大改革决策，这不仅仅是一项有关养老保险的社会政策，更是一项政治决策。这次改革方案的出台，是我国社会保障制度改革方面的一次历史性突破，在我国改革发展历程中具有里程碑式的重要意义。

这次改革的核心是将机关事业单位和企业纳入统一的城镇职工基本养老保险体系，并且从五个方面同步进行改革：一是机关与事业单位养老保险制度同步改革，二是同步建立职业年金，三是与工资制度改革同步实施，四是对养老金计发办法与调整机制同步进行改革，五是在全国范围同步实施。此次改革的要求之高、难度之大、涉及之广、力度之深、决心之强，都是前所未有的。

为推动这项改革的顺利实施，将实行"老人老办法、新人新办法、中人逐步过渡办法"，在改革方案中比较妥善地处理了改革前参加工作、改革后退休的人员（即所谓"中人"）的养老金待遇问题。

在改革之后，将改革启动时在职人员在改革前没有实行个人缴费的工作年限确定为"视同缴费年限"，在退休时将视同缴费年限和实际缴费年限合并计算，作为计发养老金的依据。同时，在改革后将设置一定期限的过渡期。在过渡期内退休的人员，根据过去视同缴费年限的长短，并进行新老办法的对比，通过计发过渡性养老金，能够基本保证其养老金待遇不降低，从而有效地解决了这次改革中的一个关键问题。

同时，在这次改革中，通过采取配套改革措施，将有力地促进改革的顺利实施。首先，通过同步进行机关事业单位工资制度改革，在合理调整和完善工资结构的基础上，适当提高机关事业单位职工工资水平，为改革后实行个人缴费打好基础。

其次，明确要求机关事业单位应当同步建立职业年金，这将使作为补充养老保险的职业年金在机关事业单位广泛而又迅速地建立起来，有利于建立多层次的养老保障体系，可以在很大程度上弥补改革之后在基本养老保险方面替代率水平不足的差距,有利于维护机关事业单位职工的养老保障权益。

此外,为避免这次改革只在局部地区先行进行试点之后,改革试点地区与非试点地区之间、先试地区和后改地区之间出现不平衡或攀比等方面的矛盾,并造成相关配套改革不便在局部地区同步实施的问题,决定在全国范围内同步实施改革。与在局部地区先行试点相比而言,这项改革在全国同步实施利大于弊。

通过这项改革,不仅能够从制度上解决双轨制所导致的社会问题,而且能够体现中央全面推进改革的坚强决心,充分体现了党和政府与人民群众的根本利益是一致的,有利于巩固党的执政基础,促进社会和谐稳定。

同时,这项改革有利于统筹推进覆盖各类社会群体的养老保障体系建设,促进实现建立覆盖全民的社会保障体系的发展目标。这项改革也适应机关实行公务员聘用制试点和实施公务员辞职辞退制度以及事业单位分类制度等方面的需要,有利于促进机关事业单位改革的不断深化。

(四)养老保险基金违规挪用现象严重

企业缴纳的20%的养老金纳入社会统筹账户中,而养老基金的征收、支出、管理监督均由劳动和社会保障部门负责,这难免会出现"左手监管右手"的现象。统筹账户中的社会养老基金在被使用时,各省各市没有任何披露,养老保险个人账户也不会汇报基金的投资用途、投资回报率,造成基金违规挪用现象愈演愈烈,进而将影响扩散到全国。这种缺乏制约与监管的管理体制使得养老保险基金最终可能成为沉没成本,得不到任何投资回报。我国人口基数很大,在老龄化社会来临的情况下,这种违规挪用保险基金的行为会给国家财政带来沉重的打击。

(五)养老金的收益性较低

从某省做实个人账户的实践结果来看,我国养老金投资于银行协议借款和国债的投资回报率低于2.5%,远远低于我国社会平均工资增长率。随着生活水平的提高、通货膨胀等因素的影响,养老基金的低收益难以支撑我国老龄人口的正常生活。以美国为例,美国养老基金与资本市场对接,养老金成为美国资本市场上三大主要机构投资者之一。美国逐渐科学地协调养老金的安全性与收益性,运用投资组合,分散风险,在风险一定(尽量低风险)的情况下,实现养老基金投资高收益。20世纪80年代以来,美国的养老金投资收益均在10%以上(扣除通胀因素后)。我国在对养老基金体制改革的过程中,应借鉴美国的养老保险体制,以部分积累制为根本,实现与资本市场相结合的模式。

三、养老保险保障体系建议

(一)做实和强化个人账户基金

人们对自己个人账户的资金有了清楚的了解后才会愿意储蓄更多的资金,合理进行投资获得更高的投资回报率,才能规划自己未来的养老生活,国家也能筹集到更多资金减轻财政负担。

(二)加强法制建设,完善行政管理体制

基金的筹资、征缴以及基金的违规挪用都与法制不健全有关。我国应完善养老保险法律体系,规范养老金的征、支、投,对地方政府、省级政府及其隶属的保险机构进行严格的督查管理,用法律手段防止养老金不必要的流失。

为避免行政工作的浪费,完善我国行政管理体制,可以借鉴智利、新加坡、美国的行政管理体制。这些国家法律规定,养老金统一由税务部门征收,负责管理投资的是独立的政府部门或者私营的基金管理公司,而基金的支出和相关联政策标准的制定则是由社保部门负责。加强部门之间的协调与配合,建立养老保险管理信息资源共享机制,可以促进养老保险基金全方位的监督管理,有效地完善我国养老保险基金的行政管理体制。

(三)扩大投资渠道,规避投资风险,提高收益

对个人账户基金应集中到省级社保经办机构,统一管理,建立"个人—省级社保经办机构—专业资产管理公司"的信托投资管理体制。我国目前的投资范围仅局限于银行存款与债券,投资回报率较低,可以尝试拓宽投资领域,例如投资于黄金、不动产等低风险领域。这不仅会降低货币信用风险、资本市场的系统风险,使养老基金能在低风险下实现资产收益最大化,实现保值增值,提高退休人群的生活水平,同时也有利于我国资本市场的发展。

(四)大力发展商业养老保险

按照传统统计口径,2000年之前我国已进入老龄社会,2025年将进入深

度老龄社会,2035年进入超级老龄社会。一方面人口出生率逐年降低,另一方面随着医疗水平的改善和提高,人口平均寿命不断增加,导致了我国人口老龄化进程加速。目前我国的退休人口与劳动年龄人口(15岁至59岁之间的人口)的比例约为19∶100,而到2030年这个比例会攀升至40∶100,到2050年则会高达64∶100。这意味着届时100个劳动力将必须供养64个退休人口。与此同时,我国目前养老金替代率偏低,为社会平均工资的40%左右。

以国际经验来说,如果退休后的养老金替代率大于70%,即可维持退休前现有的生活水平;如果达到60%~70%,即可维持基本生活水平;如果低于50%,则生活水平较退休前会有大幅下降。20世纪末期之前,我国企业职工养老金的替代率总体维持在75%以上,但之后呈逐年下降趋势,到目前已下降至40%以下,而且不同人群养老金替代率的巨大差异也引起了各方广泛关注。但我们不得不面对退休生活的落差。目前来看,政府养老金只能起到兜底的作用。

在完善养老金积累增值机制方面,商业养老保险与国家基本养老保险和企业年金相比,优势体现在:其一,商业养老保险具有长期增值的机制保障。人身保险产品具有长期增值的特点,人寿保险公司根据精算原则,谨慎承担养老基金管理责任,以长期稳定的投资策略,保障未来养老资金保值增值。从世界范围看,经营商业养老保险的人寿保险公司基本都有可靠经营成果,收益一般高于储蓄。其二,商业养老保险具有较完善的法律保护机制。我国《保险法》及相关法规对人身保险公司的经营和监管有明确的法律规定,为切实保护被保险人的利益,法律不允许经营长期寿险业务的商业保险公司破产。保险监管部门的依法严格监管,将会确保商业养老保险的支付安全。其三,商业养老保险可以满足个性化资金积累需求。商业养老保险是商业合同,人们可以通过购买不同额度的商业养老保险,积累适合个人养老需求的资金,有效保证人们退休后生活水平不下降。

在构建养老服务体系和提高养老服务能力方面,商业养老保险作为运用市场机制、引导社会资源进入养老领域的重要途径,可以实现养老客户的有效聚集、养老资金的有效归集,形成确定的、可量化的社会养老服务现实需求,将会直接拉动养老设施、老年医疗、老年护理和临终护理等养老产业链的成长和发展。同时,发展商业养老保险,也有利于培育包括基本生活保障、个性化养老生活服务、养老精神生活服务在内的多层次养老服务市场,促进社会化养老服务机制的完善,建立起适应我国未来养老人群多样化需求的整体综合服务体系。

商业养老保险经过前些年的快速发展,在社会养老保障体系中的地位明显提升,国家对发展商业养老保险越来越重视,先后出台了一系列有利于商业养老保险发展的政策措施。当前,我国正处于快速进入人口老龄化的初期,各商业保险机构应抓住机遇,紧密结合经济社会发展形势,学习借鉴国际有益经验,发挥商业保险在养老产业的先天优势,依靠自身努力,通过产品创新、服务创新、盈利模式创新、经营模式创新,积极捕捉市场机会,发掘客户潜在的养老需求,加快商业养老保险发展,为建立健全我国多层次的社会保障体系、提高广大养老人群的福祉做出应有贡献。

第三节 养老产业体系与模式

一、养老产业概念

养老服务是指那些为高、中收入或经济保障状况较好的老年人提供的养老改善提高服务。这些老年人有能力支付养老机构的各项费用,他们可以自由地选择机构。老年人福利服务事业则是为社会上更多的经济状况不是很优越的老年人提供的基本保障型养老服务,这部分老年人的养老需求同样旺盛,但是受收入的制约,他们承担不了市场化养老服务所必须支付的成本。

这里所指的养老产业是为老年人提供设施、特殊商品、服务,满足老年人衣、食、住、行、用、医、娱、学等物质精神文化需求的一个产业链,是多个产业相互交叉的综合性产业,是由老年市场需求拉动而兴起的新兴产业。

二、养老产业体系和产业链

养老产业也可以根据老年人群的基本需求和深层需求,分成三个维度的产业:本位产业、相关产业、衍生产业。

本位产业包括养老设施和机构、老年房地产、老年护理服务业、老年服饰、老年食品、老年医疗等；相关产业包括养老设施和机构供应链上的专业家具、专业设施、专业易耗品等，老年护理服务业供应链上的护理人员的培训、劳务派遣、老年护理专业用品、治疗和康复器械等，还包括来自老年人深层次需求的娱乐、学习、旅游、医疗保健、心理咨询等；衍生产业包括老年储蓄投资理财产品、老年地产的倒按揭等金融产品，寿险产品的证券化产权产品、长期护理保险产品等。

本位产业、相关产业、衍生产业之间相互补充，可以形成经济和社会效益的良性循环，共同促进老年产业的健康发展。

我国目前的产业梯度决定了整个养老产业周期会比发达国家要漫长很多。这使得养老产业的市场化之路可能相对于发达国家来说要缓慢得多，但这毫无疑问是一个朝阳产业，潜力无穷。

三、养老模式的特点分析

（一）充分考虑老年人的全方位需求

综合来看，老年人的需求主要包括四个方面：一是经济提供，二是生活照顾，三是医疗护理，四是精神慰藉。由于发达国家和地区收入较高，社会保障制度和医疗体系较健全，经济提供和医疗护理不再是老年人养老的主要问题，生活照顾和精神慰藉受到了重点关注，特别是精神慰藉问题越来越引起重视。为了使老年人生活更加充实、情感需求得到满足，发达国家和地区采取了让老年人回归社会的各种措施，比如鼓励老年人重新就业、参加各类社会组织、参与各类公益性活动等，也包括让老年人重新回归家庭。

（二）建立分阶段、分层次、分级别的养老模式体系

老年人的身体健康状况、经济承受能力、个人喜好等有所不同，采取的养老模式就有所不同。首先，从年龄阶段来看，刚退休的老人，身体健康状况非常好，更多的是选择家庭养老或居家养老。随着年龄增长、身体机能下降和疾病困扰，老人才有可能寻求机构的帮助。其次，从经济承受力来讲，有的老年人经济条件较好，希望选择高档的养老服务形式或机构，以提升生活品质，而大多数老年人经济收入一般，希望选择普通的经济型养老服务形式或机构，低收入老人则需要政府提供保障。再次，从自理级别来看，老人

分为自理型、半自理型和完全不能自理型,半自理到完全不能自理又分成若干级别。每个类型和级别的老人需要养老服务的内容都有所不同。最后,从个性差异来看,有的老人喜欢休闲聊天,有的老人喜欢旅游、收藏,有的老人希望继续工作体现价值,有的喜欢集体生活,有的喜欢清静独居。因此,应根据老年人的不同年龄阶段、不同收入层次、不同健康级别,建立不同的养老模式。

(三)实行养老服务规范化和标准化管理

在入住养老机构之前,发达国家或地区就对老年人分级。采用的通常是 ADL(日常生活活动)指标。该指标包括两部分:一部分是 I-ADL 指标,测量的是维护日常生活环境、独立获取生活必需品的能力,包括购物、乘坐公共交通工具、打扫室内卫生、做饭四个方面;另一部分是 P-ADL 指标,测量的是穿衣、吃饭、洗澡、上厕所等方面的生活自理能力。针对不同级别的老人养老机构会提供不同的服务内容,如对不能自理者主要提供康复护理服务,对自理者提供基本日常照料服务等。服务的项目和标准都有明确规定,老人一旦入住即无所顾虑。发达国家或地区还对居家日间照料服务出台了标准。养老服务是一个高风险行业,老人很容易出现意外,导致很多投资者或机构因畏惧风险而不敢从事此项服务。通过出台明确的标准,一方面保障了养老服务的质量,另一方面也规避了养老机构和人员的风险,解除了社会力量参与养老服务的后顾之忧。

(四)居家养老(家庭、居家社区养老)是当前的国际趋势

起初,发达国家或地区在解决人口老龄化问题特别是老年人的照料问题时,会采取对老年人集中供养的方式,即建立敬老院、护理院等。虽然这种方式设施完善、照料周到,但随着人口老龄化不断发展,机构养老不利于老人与亲人等交流,情感缺失的弊端不断显现。于是,很多国家提出了让老人回归家庭的号召。但这种回归家庭的养老方式已不同于传统的家庭养老,而是一种将居家和社会服务相结合的养老方式,即通常所说的居家养老。居家养老不必使老年人脱离原有的居住环境和社会关系,也方便子女在闲暇时照顾老人,老人的情感需求能够得到充分满足。同时,居家养老能够充分整合利用家庭、社区的资源,使养老成本大大降低。居家养老服务机构提供的专业服务也能使老人的生活质量得到较好的保证。目前,居家养老已经成为欧美等发达国家老年人养老的主要方式,日本等国家也在大力发展居家养老服务。

(五)发挥政府的保障和引导作用

在完善养老模式的过程中,政府应发挥两方面的作用。首先是对困难老人的保障作用。对于生活困难的老人,政府应主动承担责任,保障老年人的基本需求。发达国家政府的养老服务最初都是从保障孤寡、残疾老人的养老开始的。经过多年的发展,虽然社会力量在养老服务中已占了主要部分,但是政府对于困难老人的保障功能非但没有削弱,反而得到了加强。目前,英国、美国等都建有大量福利院,专供低收入、孤老等生活困难的老人养老。英国的政府保障性护理院占护理院总数的17%。其次是对社会养老服务的引导作用。养老本质上是一种社会公共事务,应依靠政府来引导,纳入社会管理和公共事务管理范畴。从国外的经验来看,养老的法律和服务标准需要政府制定,服务质量和服务水平需要政府监督,支持政策需要政府出台,全社会敬老爱老的氛围需要政府引导人民来营造,老年人的权益也需要政府保障和维护,特别是养老服务网络,更需要在政府的引导下建立。

(六)调动家庭和社会力量的积极性

养老是全社会的共同责任。从国外经验来看,政府、家庭、社会都发挥着重要作用。由于独立意识越来越强和家庭养老观念逐渐淡化,很多老年人不再和子女生活在一起。但是随着人们对老年人情感需求认识的不断深化,家庭的作用又开始引起重视,如有些国家已在探索给予因照顾老人而不能工作的家庭成员一定的补贴或提供弹性工作机会等。私人部门在发达国家的养老服务中也发挥着非常重要的作用。在英国,私人部门兴办的养老机构占到养老机构总数的60%左右,还有大量的私营企业从事着社区的日间养老照料服务。此外,社会上还有大量的志愿者,包括慈善机构和个人。21世纪初,英国有590万志愿护理者,其中大部分属于社区志愿组织。志愿服务形成了许多种形式,如互助型养老、储蓄型养老等。

(七)注重信息化建设

现代信息技术的发展,为加强对老年人的监护和提升养老服务质量带来了希望。如美国正在推广的家庭紧急救助系统就是很好的应用。该系统由一个与互联网连接的电脑、电视界面、电话和一系列传感器组成,这些传感器被精心放置在老人活动的关键地点,如浴室、厨房、入口和卧室,用来监视老人家中情况并记录他们的行为。如果家里一段时间没动静或房门传感器在一定时间内一直关闭,系统就会向家人发出警报。通过电视界面,家人可观察老人的情况,并给老人发送信息。依靠这一系统,即使相隔千里,老人也能经常和家人交流。

第五章 新时代互助型养老体系建设

第一节 结伴活动的互助养老模式

一、结伴养老的意义

结伴养老作为一种社会化养老的新模式,让老人们结成伙伴,彼此照顾,既减轻了儿女的负担,解除了他们的后顾之忧,也消除了老人晚年的孤独感,使他们的心灵得到慰藉。

(一)结伴养老有利于在同龄或不同年龄老人之间实现抱团养老

从当今世界养老资源的供给看,实现养老保障的路径主要有三个:一是借助配偶、子女、朋友、机构、社区等外来力量的"他助型"养老;二是通过自己的力量或者自我力量转移来实现的"自助型"养老,如刚退休的低龄老年人身体状况良好,完全不需要借助外在力量就能安度晚年生活;三是老年人之间的"互助型"养老,如社区老人互相扶持、邻里之间互相帮助等。我国传统道德观念十分注重人与人之间的互助友爱,这就为发展多元化的养老模式奠定了深厚的文化基础。结伴养老实现了独居或空巢老人自助、他助与互助的结合,是当今中国最经济的养老方式。

(二)结伴养老不仅为老年人提供参与社会的机会,而且为养老事业提供富余的人力资源

现代社会许多老年人退休后精力仍旺盛,但刚性的退休机制使他们很难继续参与社会工作。与此同时,我国能够支撑养老事业的服务资源还十分薄弱,单靠家庭、机构又很难解决目前的养老难题,所以开导、开发、开展老年人参与养老事业,不失为解决我国日益突出的养老问题的一个突破口。

(三)结伴养老既丰富了空巢老人的晚年生活,又减轻了儿女们的后顾之忧

对空巢老人而言,结伴养老具备子女照料无法代替的优势:一是结伴养老最经济,老人们在一起不用花钱就可以开展一些活动;二是与熟悉的邻里、伙伴聚在一起活动,老人不仅消除了孤独感,而且如果出现状况的话,其他老人也可以给予照顾,能增添不少生活乐趣;三是可以减少儿女的后顾之忧,父母有人陪伴照顾,做子女的自然可以放心很多。

(四)结伴活动促进积极老龄化

随着老龄化社会的发展,西方发达国家的老年社会保障负担也不断增加。在此背景下,西方国家开始提倡活化老年资源,鼓励老人参与活动,发挥长者的优势和潜力,尽量减少对外界帮扶和援助的依赖,凭借老年群体自身的力量来解决生活问题。这种低成本、收效好的"积极老化"实践,为政府节省了大量的养老保障资金和社会照顾资源。

二、老年人参与社会活动的必要性

积极老龄化的理念,对解决人口老龄化所带来的问题意义重大。积极老龄化也被称为活动理论。老年人应该尽可能长久地保持中年人的生活方式,参与社会活动,活动水平高的老年人比活动水平低的老年人更能适应社会,对生活的满意度更高。无论是从医学和生物学的角度,还是从日常生活角度的观察表明,"用进废退"是生物界的一个规律,而且现代社会提倡终身学习、终身发展,促进老年人积极的社会参与已经成为一种世界性的潮流。

(一)老年人参与社会活动,是促进老年人社会交往、克服其孤独感的需要

近年来,国内外研究表明,孤独感是影响老年人生活质量的重要因素,孤独与多种躯体、心理疾病及老化进程相互关联。作为老年期常见的一种消极情绪,长期严重的孤独感易导致老年人人格变态,也有碍于身体健康,甚至影响寿命。老人参与社会活动可以为老年人开辟有益的社交场所,增加交流的机会,有利于建立健康心态。

(二)老年人参与社会活动,是促使老年人充实生活、克服其空虚感的需要

退休离职后老年人的生活方式、生活内容、生活环境都发生了很大的变化,容易产生空虚感。空虚感是一种消极情绪,容易引起老年人失眠、不安,对周围事物丧失兴趣,对人生意义悲观失望。社会不仅要在态度上鼓励老年人积极参与他们力所能及的一些社会活动,而且还应该努力为老年人提供参与社会的条件。

（三）老年人参与社会活动，是提高老年人自我效能感、克服其失落感的需要

老年人一旦退休回到家，以往在工作部门所确立的地位、尊严有所下降，深深的失落感油然而生。事实上，与年轻人相比，老年人具有丰富的阅历、经验、知识、技能以及强烈的社会责任感，老年人通过参与志愿服务类的社会活动，不仅能帮助他人，而且有助于体现参与者的个人价值，改变对个人能力或自我效能的看法，从根本上增强了老年人的自尊及自我效能感。

（四）老年人参与社会活动，是促进老年人强健身体、延年益寿的需要

人到了老年期，由于体力的衰退，身体健康经常出现问题，于是老年人往往会十分关心自身健康。生命在于运动，身体各器官的渐趋衰老使得运动对于老年人具有特殊意义。开展适度的文体活动，可以维持人体健康水平、调节免疫功能、增强体质、延缓衰老、提高对外界的适应能力，起到强健身体、延年益寿的作用。

（五）老年人参与社会活动，是老年人实现继续社会化、与时俱进的需要

继续社会化是人们在基本社会化的基础上，继续学习群体和社会的文化，以适应社会生活、角色变化的过程。事实上，老年人在离退休后的相当长时间内，仍有较强的工作能力和学习愿望。在参与团体活动中赋予他们一种社会性的角色，可以使其成功抵御因退休而导致的社会撤离感，重新获得归属感和认同感。

（六）老年人参与社会活动，是老年人寻求非正式社会支持的需要

主观感受是评价老年人生活质量的重要指标，非正式支持是影响老年人主观感受的重要方面。一般来说，老年人退休后，职业角色丧失，社会互动减少，获得的社会支持也减弱，子女又很难抽出更多的时间陪伴老人，这些对老年人的身心发展都非常不利。开展老年团体活动，在提高老年人活动水平的同时，可以增加老年人与其他团体成员之间的沟通交流，能够建立老人与其他团体成员间的互助网络，有助于老年人寻求非正式的社会支持，实现老年人之间的互助养老，在一定程度上也减轻了家人和其他社会养老机构的负担。

三、结伴活动的互助养老实践探索

(一)参与结伴活动老人的特征

虽然老人们都有"合群"的需要,但并不是所有老人都会进入"结伴模式"。心理学研究分析,"结伴"行为源于个体较强的孤独感,而且缺乏归属感,但结伴形成的团体却是他们情感的寄托、心灵的港湾,所以结伴具有积极的社会作用。

1. 退休后从忙到闲不适应

刚退休的老人一般是60岁左右,此时他们精力充沛,但倒金字塔形的家庭结构使得有些老人不必共同去照顾一个孩子,悠闲在家的老人忽然无所事事。这种"空闲"的折磨,使他们愿意走在一起。

2. 结伴者具有类似的生活经历

生活经历相似的人更容易互相吸引,因为他们之间容易找到共同语言,彼此互相爱护、同情和支持。从社会学的角度讲,老年期的开始就越接近生命的结束,这一时期人的生理和心理发展渐渐衰退,导致很多老人出现对疾病、孤单的恐惧,如果能与同龄人诉说,可以得到很好的缓解。

3. 结伴者具有较一致的兴趣爱好

很多收入稳定、住房独立、生活自理的老人愿意独立生活,而平时就与社区其他老人一起,组织一些自己感兴趣的活动,如喜欢跳舞、唱歌的就组织参加跳舞、唱歌活动,喜欢书法、喜欢安静的,也可以组织在一起练书法、办书展、喝茶等,结伴活动让生活变得有趣多彩。

4. 结伴者具有相同的心理诉求

人到老年,家庭生活一般都会出现重要变化,主要表现为子女结婚成家或者自己单独生活,于是家庭开始出现子女从"守巢期"到"离巢期"的现象,尤其对女性来说,会更容易产生孤独感,希望合群,需要倾诉交流。

5. 以结伴活动为主,结伴而居较少

异性老人结伴活动,出于相互照顾的需求要大于对婚姻的向往。孤寡老人再婚或搭伴生活的阻力太多,一方面来自子女,一方面也是出于经济上的考虑。

(二)结伴活动种类

老年活动是针对老年人的心理、生理特点,在团体、社区、团体组织内开展的语言交流活动、肢体活动、兴趣活动、文娱活动、公益活动、大型组织活动等,目的是增进老年人的身心健康,满足其发展需要,提高晚年生活质量。

1. 老年活动的分类

第一,按照活动内容划分。老年活动可分为体育、文娱、艺术、旅游、会议、展销、节庆、公益活动、宗教、社交等。老人可根据不同时间、不同身体状况选择合适的活动,如生日庆祝会、中秋赏月活动、重阳登高活动、联欢会等。

第二,按照活动内容与老年人生活品质的关系划分。老年人日常活动分为基本维持性活动、一般拓展性活动和价值实现性活动三个层次,具体体现在生命维持、身体锻炼、人际交往、文化娱乐和实现个人价值五个目的。维持生命性活动包括睡眠、洗漱、就餐、做饭、打扫、购物、看病等;一般拓展性活动包括各种健身活动、家庭照顾活动、家庭交往活动、社会交往活动、各种休闲活动等;价值实现性活动包括退休后被返聘、继续工作、做志愿者、参加社区组织等。

第三,按照活动的适合人群划分。①高龄老人康乐活动:一般针对75周岁以上、年老体迈的老人,以活动量较少的游戏、交谈、静养、文化创作等形式为佳,也包括带领有障碍的老人进行功能补偿的康复运动。②中高龄老人康乐活动:一般针对65~75周岁、活动能力尚可、无肢体功能障碍的老人。这类活动的活动量稍大,范围也更广,大多为户外或室内的安全系数高的综合性活动。③低龄老人康乐活动:主要针对65周岁以下的,体力、精力仍然很充沛的老年人,除强体力活动之外的一般活动都可以开展。

第四,按照活动的专业性划分。①专业活动:主要以社会工作者、康复治疗师等为带领者,运用专业方法和专业技能开展团体治疗性、发展性的活动,起到治疗、社会支持、娱乐、促进社会交往等作用。②业余活动:组织者可以是任何一位老年人或者社团、单位。活动人员基于共同的兴趣、爱好、目标,积极策划、组织、参与活动,主要体现娱乐性、自我满足感、再创造原则。

2. 老年活动的作用

第一,促进身体健康。从医学上讲,适当的体力活动可以提高机体新陈代谢的能力,使机体器官功能和肌力增强。据调查统计,坚持适当体力活动的人,比久坐不动的人心脏肌肉发达,心脑血管功能健全,高血压、心脑血管、肥胖等发病率也较低。实验证明,适当的体力活动是预防疾病、延年益寿的重要条件。同时,在参与脑力活动的过程中,老年人不断阅读,反复进行思考、想象、记忆等思维活动,能使大脑得到锻炼,加强思维能力,延缓脑细胞的衰老。

第二,促进积极情绪。老年人常见的心理问题有失落感、忧郁感、遗弃感、孤独、多疑、烦躁易怒、固执、刻板、保守,甚至产生性格变异,自我封闭意识增强。若遇不良环境和刺激因素,易于诱发多种疾病,患病后较难恢复。老年人会在活动中心情轻松愉快,精神振奋,可以很好地调节脉搏、呼吸,调节血液、消化液的分泌及新陈代谢,使之处于正常及稳定状态,老人也会感到舒服、轻松、乐观,这样形成一种良性循环,对身体、心理的健康有着积极的促进作用。

第三,促进自我实现。老年人参加团体活动,愿望之一是实现年轻时未了的心愿。成功的活动可以激发老年人对新事物的兴趣,协助老年人获得自信,发挥自己的所长,将过去的兴趣转化为今天的现实;同时可以消除老年人的自卑心理,通过活动体现老年人的优势和价值。

第四,建立社会支持网络。社会支持包括经济支持、日常生活支持和情感支持三种类型。老年人与好友、亲属和邻居进行的随意性活动会在提升其生活满意度方面起到极大的作用。构建包括伴侣、家庭成员、邻居、同质人群和其他渠道认识的朋友等在内的社会支持网络,可以对老年人及其家庭提供经济上的支持、生活上的照顾、精神上的交流,从而为老年人解决问题、克服冲突开辟新的路径。建设老龄化社会,应努力为老年人创造参与社会的条件。

(三)老年人结伴互助活动的组织形式

老年人结伴互助活动的形式是灵活多样的,涵盖了老年人邻里互助、亲友互助、社区志愿互助等多种组织形式。结伴互助养老是老年人在基层社区实现生活互助和情感慰藉的互动方式,它具有灵活性、多样性、自愿性、自治性等特征,老人们可以在家庭、社区和养老机构等多种场合实现形式各样的互助。

1.基于地缘和血缘的"亲友邻里互助"活动

"亲友邻里互助"主要是在血缘和地缘的联系下,在亲人和熟人间缔结的养老互助关系,它以亲情、友情和信任关系为纽带,满足了老人们的日常人际交往、精神慰藉等需求,以较为安全可靠的形式减轻子女的负担,而且大多是自发的。例如在同一小区养老的亲朋好友们,可以经常结伴外出晨练、旅游、休闲、购物等,互帮互助,生活不亦乐乎。结伴养老的出现,可促进空巢家庭的老人积极养老。

2. 以"时间储蓄银行"为载体的"轻老互助"活动

以社区为依托,在政府的推动下,由社区负责倡导和组织老年人开展互助活动,实现了陌生老年人间的友情互助资源的流动,对老年人照护需求和老年服务的累积有专业的评估指标和计量方法。在社区里组织退休人员自管小组,动员身体好、低龄的退休人员,结对帮扶家庭特困或高龄的退休人员,为他们提供买菜、烧饭、谈心等服务,形成"轻"帮"老"的老年互助养老模式。它的优势是有较为系统和规范化的管理体系,有志愿者的服务作为补充。推行"时间储蓄银行"的做法,是对企业退休人员居家养老问题的探索,能让他们享受到更高效的社会化服务。

3. 不同辈分群体间"拟家庭式的互助"活动

"拟家庭式的互助"是基于不同人群的生活需求,在固定的生活场所内构建"家庭"的结构和氛围,使老年人体验到被子女关注和照料的幸福感。以德国为例,当地政府和福利机构合资建造多代屋,供老人与一些单亲母亲或年轻人居住,相互照顾,结伴游玩,既填补了孤独,也节省了生活的费用。德国的多代屋成功之处在于,它将老年人的互助意愿与社会其他群体的需求有机地结合起来,在政府的协助下,实现了社会群体间的互助,满足了不同年龄群体的社会需求,人性化地解决了社会问题。

4. 以社会团体组织为依托的"精英老年人"与"大众老年人"间互助活动

精英老年人主要是指身体健康状况良好、文化程度和政治觉悟较高、集体意识和爱国主义精神较强,具有较广泛的人际资源网络、较稳定的经济收入、较强的社会奉献意识和较大社会影响力,积极参与社会政治经济文化活动的老年人。他们通过地方老年协会等行业性或专业性社团组织,组织老年人参与文化娱乐活动,丰富老年人的闲暇生活,为遭遇特殊困难的老年人提供法律援助,实现了与"大众老年人"间的互动与互助。

四、互助养老活动的推进对策

在社会养老形势严峻、家庭养老及机构养老模式难以支撑的情况下,各地区推行互助养老模式具有明显的现实意义。在发展互助养老模式过程中,需要政府、社会和社区等多方的共同努力,促进互助养老服务充分有效地发展,增强社区的凝聚力和社区和谐,以改善老年人生活满意度,提高老年人生命质量,使他们过上幸福、安康的晚年生活,从而减轻社会养老压力,促进社会发展。

(一)政府层面

1. 加快互助养老模式的制度化、法制化建设,使互助养老服务健康有序发展

我国老年福利的政策法规体系建设,滞后于经济和社会发展的总体水平,应促进政府尽快出台规范老年人互助组织及成员权责的法律,从法律层面保障老年人在互助活动中的权益,使参与互助养老的相关群体都可以有法可依。如需要加强诚信体系建设,设定较清晰的服务标准,对服务质量进行有效评估,对服务时间准确登记存档,为以后"服务时间储蓄"的接续服务提供证据,确保互助者享受相应的服务资源;同时还要确保"时间银行"中存储的劳务能在不同机构中通存通兑,要制订"结伴养老"的条件和要求,明确管理权限;按照设立民间组织的管理办法办理相应手续,防止互助活动中出现发生纠纷时无法维护自身权益的情况,在更广范围内引导广大老年群众参与到结伴养老事业中。因此,建立相应的制度和法律法规是互助养老服务模式正常运行的必要保障。

2. 政府加大宣传与资金投入,促进互助养老服务的持续性发展

在推行互助养老模式的过程中,政府应加大对互助养老服务的资金投入,提供社区老人结伴活动所需要的场地租赁、硬件设施建设开支,使更多老年人享受到政府购买和社会提供的服务,健全老年福利体系,定期对优异的结伴团队和个人进行表彰与奖励。同时政府可以加大宣传力度,鼓励社会各界积极关注养老事业,也可以颁布减免税收、企业冠名等社会政策,号召企事业单位及有识之士提供资金及场地,如利用"社区老年福利服务星光计划"资金筹建的社区老年服务活动中心促进老年团体活动的开展。这样既能拓宽互助养老资金来源,又能满足社区不同层次老年人的服务需求,促

进了互助养老模式的持续性发展。

（二）社会层面

1. 将老年群体纳入民间组织范畴，促进老年互助活动步入良性发展轨道

对于老年人群体而言，将其转变为正式登记注册的民间组织，是使它良性发展的不二法门，可以借此提高管理水平，保障老年人的合法权益，加强不同地域、类型团体之间的交流合作，并根据老人的服务需求自主开展服务和活动。

2. 加强志愿者队伍建设与培训，深化互助养老服务内涵

积极鼓励志愿者参与到养老服务中来，完善对志愿者的意愿及服务特长等相关信息的登记，以方便对志愿者进行分类，并对其进行培训。拓展互助式志愿者服务，使志愿者尽可能地发挥各自的专长，有针对性地开展服务，提高服务效率。这种专业人员和志愿者服务人员相结合的互助养老服务队伍，从不同的侧重点为老人提供服务，保障了互助养老服务的质量，丰富了互助养老模式的内涵。

（三）社区层面

1. 增强责任意识，拓展服务思路，满足不同互助养老需求

社区作为居家养老最重要的载体，是老年人走出家庭、融入社会、参与社会的重要场所，社区应增强主体责任意识，创造条件，为老年人建立起相互交流和信息传递的场所，使老年人更积极地、全方位地融入社区活动。如建立全托制的"退休之家"，配备医务室、图书室、计算机室、健身房、洗衣房、紧急呼叫系统等，为老人提供各种活动及服务；或建立日托制的"托老中心"，让老人白天在中心活动，可在中心解决一日三餐，还可以阅读、交往、制作手工艺品，晚上回家休息。

2. 科学规划老年人活动空间，提供丰富而有针对性的活动项目

社区中应提供更多的室内外公共活动空间，提高老年人进行各种余暇活动、社会交往的可能性。适宜老年人室内外的交往空间并不是主观臆断而规定的空间，必须通过了解老年人的心理和日常生活的行为规律来进行科学规划和设计，以供老年人健身、娱乐、休闲和交往。必要时，可以通过建设或改造已有的房屋结构，以满足结伴养老互助活动开展的需要。

3. 以老年协会为依托，引导社区老年人结伴互助活动的深入开展

可以依托老年协会推进社区互助养老，具体办法是通过培训、经济资助、表彰等方式进行引导。对于社区中没有老年协会的，要协助其成立；对于已有老年协会组织的，要激发其组织活动的积极性，必要时给予经费资助，使其在维护老年人权益、开展老年人互助过程中发挥积极作用。老年人通常年龄相近，有着相似的人生经历和感悟，以及相近似的受教育程度，彼此更能够理解和尊重对方，更容易结成互帮互助的小组。在老人们之间建立起一定的联系、友谊和信任关系后，可以进一步挖掘老年人相似的兴趣爱好和利益需求，促使老年人开展更多互助活动，如结伴去超市购物、交流做饭经验、一起参与健身活动等。

4. 在社区中配备专业社会工作者，推进老年互助活动的专业化进程

随着社会工作者职业化程度的发展，老年社会工作者在社区层面参与养老服务已越来越普遍。老年社会工作者兼具服务者、中介者、教育者、倡导者等角色，对老年人自发成立的互助组织进行专业化支持和管理，组织老人开展各种满足其需要的活动，协助提升老年人自我管理、自助发展的能力，实现老年人互助活动的目标。

（四）老人及子女层面

1. 加强老年人对社区的认知，鼓励老年人参与社区互助活动

要鼓励老年人参与社区互助活动，应先让老年人对居住的社区有充分的认识。可以通过组织参观活动的形式，让老年人了解社区各种服务与活动设施、社区的新发展、社区各部门的工作等，使他们掌握社区内所发生事情的最新资料。或者有计划地经常性举办主题活动，鼓励老年人主动参与社区活动的策划与行动，在社区内组织开展对独居老年人的服务，发动老年人到老年院舍中做一些力所能及的辅助性服务等。在参与过程中培养老年人对社区的归属感，培养老年人及社区其他成员之间积极的自助及互助精神，增强社会参与的意识与能力。

2. 转变老人及其家人的观念，推动老年人积极参与互助活动

开展互助活动就是充分激活老年人力资源，形成老人群体内部的相互扶持、相互慰藉。它不仅从实际上满足了老人的各种生活需求，还增强了老人之间的互动，发展了友情，同时也形成了共老、伴老的生活共同体，排解了

老年人内心的孤独和苦闷,对儿女的依赖和惦念也会相应减弱。所以老年人要转变自身观念,注意合理安排,在兼顾家庭利益的前提下,得到老伴及儿女的支持,愉快而持久地进行自己心仪的活动。

3. 积极发挥中低龄健康老人优势,为高龄老人提供互助服务

鉴于老年社会活动的多样性,结伴互助活动除在健康老人之间开展以外,更应该向失能或半失能老人拓展,让更多的老人获益。中低龄健康老人可以以志愿者的身份参与老年人互助活动。为高龄老人提供的互助服务可以是无偿的,也可以是有偿的。对于无偿的老年互助,参加者可以签订一份《养老互助协议书》,规定活动场所,规定互相关心、互相帮助的内容,规定活动时间,规定经济上"AA制"的标准及其支出范围;对于有偿的老年互助,应强调由健康老人以"自愿"为原则对需要照顾的老人提供生活照料、情感交流等服务,在活动结束后获得一定的报酬。无论是"一对一"形式,还是"多对一"形式,老人在帮助别人的同时,自身也能得到极大的心理满足。

第二节　互助养老服务培训体系建设

一、培训师资

(一)护士

从前期实践来看,经过正规院校系统学习护理知识的护士,接受一定的养老服务能力训练,结合开发的视频课程,可以较好承担互助养老服务的培训。目前社区居家养老服务机构较难配备较高素质的护士,但社区卫生服务中心或服务站都有一定数量的护士。社区可以整合民政和卫生系统的资源,结合社区公共卫生服务中的健康教育任务,发挥社区护士的作用,定期开展互助养老服务培训、辅导工作。

(二)社会工作者

有些社区通过以社会工作者为主要力量的社会组织开展居家养老服务,社会工作者有些具备较高的学历教育背景,有社会工作的技能训练,若能进行必要的培训,针对科普模块,根据视频课程,可以较好开展社区的互助养老服务科普教育。

(三)高级以上养老护理员

高级及技师层次的养老护理员有较好的工作经验,培训能力也得到一定的训练,结合视频课程,可以开展科普模块和一些照护技能的培训。

(四)其他成员

例如在某社区"培训者培训模式"的探索中,社区老年志愿者骨干有些具备较好的文化背景和学习、教学能力,通过自身学习掌握知识和技能后,可以较好地为其他老年人服务,也可结合视频教材培训其他老年人。另外,离退休低龄老年人中有些医务工作者,可经过适当培训成为较好的培训师资。其他如社区工作者,经过培训,结合视频课程,可较好承担科普模块的培训工作。也可以创新培训方式,如偏瘫老人肢体被动运动,家庭照护者在家中老人康复护理实践中积累经验,再经过培训学习,这一单项的护理技能掌握得较好,他可以成为这个单项的培训老师。若社区有一定的机制管理这些人群,结合目前老龄工作的补助政策,建立激励机制,可以灵活解决师资问题。

从"新家庭计划"全国示范点人员培训中发现,各地计生队伍也是较好的师资来源。他们经过一定的培训,结合原有工作经历,可以较好组织社区人群开展互助服务和培训活动,结合视频课程,完全可以承担科普模块互助养老服务知识的教学。

二、培训室建设

(一)培训场地

基于互助养老服务实践随时学习的需要,于社区日间照料中心建立培训室,培训室可以与老年人活动室、健康教育室等共享。

(二)培训物品

根据培训内容和常见的互助服务需求,配备培训室的基本物品:教学设施,如多媒体(可与其他资源共享)、电视机(可播放光盘或与教学多媒体相连播放视频课件)、移动存储硬盘或大容量U盘;体位移动设施,如轮椅、手杖、爬楼机(视具体情况设置);清洁用物,如充气式洗头垫、充气式洗澡床垫、其他日常皮肤清洁用物(与日间照料中心资源共享);约束固定物品,如约束手套、约束带、约束背心;康复物品,如利用社区残疾人联合会建设的康复室设备设施;还有多功能翻身床、防压疮床垫、床上用品(与日间照料中心资源共享)等。

(三)培训室利用

培训室物品既可以用来培训、学习,也可以用作社区居家养老服务中心为老年人服务的物品。实践中通过三期社区培训,在老年人中进行较好的宣传,学习的内容逐步拓展、完善,促使保健、预防、康复、照护技能学习逐渐形成特色,逐步建立"有需要,到培训室学习"的氛围。

三、"掌上课程"的科普学习培训模式

此种形式适合拥有智能手机者,适用于所有人群。该模式载入了互助养老服务"科普模块"的知识与技能的视频课程,并建立了相应的题库。

(一)以社区科普培训推动互助养老服务知识传播

在社区开展互助养老服务的培训,包括低龄老年人和志愿者、社会工作者、家政服务员等为老服务人员的培训,可以通过智能手机学习,建立学习圈,建立师生互动学习平台,推进互助养老服务科普知识的普及。可以结合一定的激励机制或者通过竞赛活动,提高学习的积极性和参与率。

(二)开设高校通识课程推动互助养老服务知识传播

养老服务基本知识也是大学生应该掌握的,可在高校开设通识课程,改变传统的课堂教学模式和评价模式,开设远程学习形式,与大学生暑期实践活动相结合,推动大学生群体有关养老服务知识的学习。

第六章　新时代机构养老体系建设

第一节　机构养老设施供给现状

一、机构养老模式存在的问题

（一）政府层面

1. 与机构养老相关的立法不完善

目前我国没有专门针对机构养老的相关法律法规。这些法律法规应该包括两个方面：与养老机构相关的法律法规；与机构养老老人相关的法律法规。此外，与机构养老相关的政策设计层次偏低，原则性、框架性、指导性意见多，具体规定标准少，执行力差。具体政策执行上缺乏统一的协调和运作机制，而且政策制定相对滞后，有些政策之间甚至相互矛盾。

此外，已有的机构养老相关政策存在重公办、轻民办的事实，使得许多新生的民办养老机构由于得不到应有的支持而夭折，这有悖于社会福利社会化的发展思路，有碍于社会力量兴办机构养老服务业的发展。

2. **政府政策、资金主导作用较弱，且重公轻民、重城轻农**

主要体现在两个方面：一方面是政府的公共资金主导作用较弱。目前各级政府对老年福利机构的投入大多仅限于对公办养老机构的投入，对民办养老福利机构仅限于行业开放准入，在政策上民办养老福利机构只有免征营业税、所得税方面的政策支持。与此相反的是许多公办养老机构获得了公共财政资金的支持，但却缺乏科学的管理，招不到老人入住，从而失去了为民办养老机构发展提供示范、辐射的作用。另一方面，政府的政策、资金主导作用大多仅限于城市，城镇和农村缺乏相应的支持，因此，即便是城镇和农村的公办养老机构也很少能起到示范和辐射作用。因此，政府在指导机构养老发展的过程中，存在着重公办轻民办、重城市轻农村的倾向，这不利于整个机构养老事业的发展。

3. 政府对机构养老发展缺乏长远规划

由于各级政府在机构养老发展上的定位不够明确,缺乏科学合理的规划(包括养老机构的时间发展规划、空间发展规划、人才培养规划等),造成了目前我国的机构养老发展功能定位不明确,空间布局不合理,最终导致了许多公办养老机构"吃不饱"、民办养老机构"吃不了";郊区养老机构"吃不饱"、市区养老机构"吃不了"的供需矛盾。

(二)养老机构层面

1. 养老机构供给能力不足,功能定位不清晰

从功能定位上,除属于卫生部门主管的老年护理医院(也称老年护理院)与民政部门主管的老年公寓在收养的老人所需照料程度上有明显差别外,一般的社会福利院、敬老院均未进行功能定位,其收养的老人涵盖从基本生活能自理的一直到长期卧床不起甚至需要"临终关怀"的。这些养老机构只是在机构内部按收养老人所需照料程度的不同,分成专门护理、一级护理、二级护理、三级护理等几类,实行分部或分区管理,尚无专门收养需专门护理和一级护理老人的养老机构,有些养老机构内甚至没有分部、分区管理。这就不利于政府对其有效监管以及出台合理的资金支持政策。

另外,由于缺乏合理分类,很多健康老人长期占用着床位,造成一部分身体状况较差,急需入住养老机构的老年人排队等候,造成康复护理型养老机构缺口加大。

2. 机构养老服务专业化、规范化水平较低

由于缺乏相应的机构养老人力资源基础以及机构养老服务行业规范标准,目前的机构养老服务意识较弱,缺乏人性化服务,且服务层次较低。服务队伍中合格的护理员比较缺乏,在一线护理管理者队伍中,以中年女性为主,大多数有一定工作经历和护理老人的经验,工作热情非常高,但整体年龄偏大,文化水平偏低,专业教育背景和训练不足,业务知识和技术素质等构成不合理,实际业务工作能力缺乏专业化,"人性化"服务水平低,提供的服务项目单一,大多仅限于常规的护理服务。

3. 机构养老资源体系网络不健全

现有的机构养老资源体系庞大,但由于缺乏必要的整合,整个养老资源体系还相对松散,表现为制度资源不够完善,经济资源分配不均,人力资源、土地资源等社会资源供需不平衡,文化资源作用力减弱,老年人自有资源逐渐弱化等。因此,不能有效地为机构养老提供必要的有力的养老资源社会支持体系。

二、发展机构养老模式的对策

(一)完善机构养老相关立法,加强政策扶持

政府是制定公共政策的主体,在机构养老服务中发挥着强大的作用。政府应加强对社会办养老机构的政策支持,让社会力量更多参与到老年人照料体系中来。这就需要政府使用多样化的政策工具。一方面,政府应该以低税、低租等形式吸引社会各界力量参与老年人福利事业;另一方面,国家应对福利事业给予财政补贴,为"民办公助""公办民营"提供切实可行的扶持措施。此外,还可以考虑对机构养老老年人按人头直接补贴,这样就可以使有限的政府力量在机构养老服务的不同层面上得到充分的应用。

另外,政府应该利用自身资源及权力,制定配套的制度,以统筹各区域间公共养老资源的配置,弥补由于城乡二元体制造成的城乡养老机构的沟壑。

(二)转变政府角色,加强宏观管理,培育机构养老市场

机构养老服务的发展需要政府强大的财政支持,这种支持还要随着经济和社会发展不断加强。在市场经济体制下,市场在资源配置中发挥决定性作用。国家财政也逐步推出竞争性市场领域,不仅要发挥政府宏观管理和行政监督的职能,还应更多地转向提供公共产品和公共服务,为发挥市场经济主体的自主作用,实现市场对社会资源的合理配置创造基础性条件,最终实现为老服务事业管理的规范化和运行机制的市场化,增强养老机构的生机与活力。

因此,政府应该一改以往的资产所有者的角色为资产管理者,充分发挥协调者、监督者而不是竞争者的作用;逐渐减少发展政府主导的养老机构,发挥市场的资源配置作用,整合现有机构养老社会资源;深化养老服务事业的改革,鼓励和指导各类养老机构,科学制定加快城乡养老机构建设和发展的规划;积极培育发展、规范管理各类养老服务的社会团体、服务组织等非营利机构及服务性企业,通过"公办民营、民办公助"真正做到发展增量,盘活存量。

（三）合理定位，提高养老机构专业化、规范化水平

2018年12月，国家市场监督管理总局、国家标准化管理委员会发布了《养老机构等级划分与评定》，已于2019年7月1日起正式实施。《养老机构等级划分与评定》涵盖等级划分与标志、申请等级评定应满足的基本要求与条件、等级评定等内容。各养老机构尤其是民办养老机构在发展初期，应明确自己的功能定位，按照《养老机构等级划分与评定》建设标准，根据当地老年顾客群体的需求来确定自己的服务方向，这样不仅能让养老机构的服务供给更好地满足当地老年人的需求，也使得养老机构能更好、更健康地发展。

（四）培养机构养老专业人才

鉴于我国目前机构养老行业专业人才急缺的现状，应着力提高养老服务机构从业人员的数量、素质和服务水平。政府应积极培养专业养老服务人员，包括心理咨询师、社会工作者、护理人员等，设立专门的教育培训机构，实行养老机构从业人员持证上岗制度，同时，加强对养老机构管理者的培养，以便为机构养老提供专业专门化的管理。

第二节　老年人对机构养老服务的需求现状

一、老年人选择机构养老的需求意愿

虽然目前老年人受传统家庭养老文化的影响，选择机构养老的比例不是很高，但随着社会经济的发展，人们观念的改变，老年人愿意入住养老机构的比例将呈现一个逐渐上升的态势，并且这个比例现在已经很可观了，在北京地区有接近1/4的老年人有这个意愿。许多老年人表示为了不增加孩子负担，能够得到更周到的照顾，去养老机构是一个很好的选择。未来机构养老的潜在需求很大，老年人的入住意愿也会随着需求的增加而不断提高。

二、多元化需求的老年人类型

（一）"三无""五保户"老年人

面向城市"三无"老人和农村"五保户"老人应当提供无偿服务。这些老年人特别需要养老机构，除了经济上没有保障外，他们在生活上更缺少照料，在机构进行养老是他们最好的选择。社会福利事业发展需要保障"三无"老人和"五保户"老人的基本生活需要，对"三无"老人和"五保户"老人实行集中供养，而这也是社会福利机构最早设立的目的之一，当前也是各地的社会福利院主要负责收养这些老年人。一些社会福利性质的养老机构明确表示他们收养的对象主要就是"五保户"老年人，提供免费的吃、穿、住、医疗服务，甚至包括老年人的丧葬料理事宜。

（二）需要护理的老年人，包括介助、介护老人，特别是对照顾依赖性最强的介护老人

介助和介护老人相对于自理老人来说，是比较需要养老机构的，特别是介护老人，更需要养老机构的照护。一般情况下，身体状况欠佳的老年人更愿意入住养老机构，因为养老机构能够更为有效地提供生活和医疗上的照顾和护理服务。从美国和我国香港地区的经验可以看出，养老机构主要是向生活上需要照料和专门护理的老年人提供服务，这些养老机构还必须根据老年人所需要护理和照顾的不同程度提供相对应的设备和人员配置，以保证服务的质量，让老年人得到最好的照护。目前我国内地大部分养老机构在护理和照料上没有等级上的差别，其中只有一家护理院明确表示主要服务于需要护理的老年人，但护理什么样的老年人并无标准。而目前市场上也欠缺专门服务于介护老人的养老机构，2/3 的养老机构都接收这个类型的老人，至于是否有能力提供服务或者服务的质量如何却无从保证。调查的养老机构中基本上都接收介助老人，而对于介护老人，有 1/3 的养老机构表示不予接收，其余的养老机构所有类型的老年人都接收，包括介护老人，因此，目前欠缺专门护理需要重度照顾的老年人的养老机构，只有 6% 的机构表示专门接收介助和介护老人，但仍然不是完全意义上的介护老人护理机构。根据国内一些地区的调查，老人及其家属在照料上最需要社会帮助的阶段，是当老人长期卧床不起或精神严重衰退，需要提供全天候的基本生活照料的时候。介护老人是最需要机构养老的老年群体，呼吁社会给予更多的关注。

(三) 有需求意愿的自理老人

生活上完全可以自理的老年人,如果有到机构养老意愿的,当然也可以选择养老机构安度晚年。有些老年人觉得家里的居住空间不够,或者是喜欢和其他老年人共同居住,或者是子女不在身边,还有的老年人觉得居住在养老机构中生活更方便、更省事。很多老年人的观念也在不断放开,他们有权利决定选择何种方式养老。目前有许多民办养老机构,比如各种类型的老年公寓,根据居住环境和条件的不同,提供不同层次和价位的养老居住空间,老年人可以根据自己和子女的能力选择适合自己的养老机构。在这群自理老年人群体中,不乏有一些候鸟式的老年人,他们经常根据季节的变化选择短期居住在不同地方的养老机构中。

三、平衡老年人多元化需求意愿和养老机构供给服务的关系

首先,借鉴美国和我国香港地区的经验,并结合我国内地的国情,考虑到民政部拟定的有关收养人员分级护理标准及相关的服务内容和服务规范的规定,对我国目前现有的以及未来还将申请开办养老机构的项目进行总体上的统筹规划,根据老年人需求意愿和实际的需求状况对养老机构进行功能上的分类,并规定每一种类型养老机构的数量比例。未来我国的养老机构不论其院名有何不同,不论其所有制性质有何差别,均可按主要收养老人需要照料的级别不同分为三类:①重度护理养老院,以需要一级护理与专门护理的老人为收养对象的养老院;②中度护理养老院,以需要二级护理的老人为收养对象的养老院;③轻度护理养老院,以需要三级护理或不需要护理的老人为收养对象的养老院。社会福利性质的养老机构主要负责"三无"老人和"五保户"老人;其他性质的养老机构应该按照以上的三个层次有选择、有目的性地调整自身的主要功能,明确自己主要服务的老年人群体,改变目前养老机构功能上雷同的现状,给予老年人不同的选择空间。

其次,提高专门提供重度护理服务的养老机构的比例,增加床位数,并提高这些机构护理和照料服务的质量和层次。随着我国老龄化社会的迅速发展,高龄老年人不断增多,未富先老的现状严峻,使得资金和资源都显得十分有限,在这样的情况下,应首先考虑将有限的资源运用在急需帮助和最需要帮助的老年人群体上,前文也提到,就是指介护老人,而专门服务于介

护老人的养老机构明显不足。当老年人长期卧床,生活基本或完全无法自理,需要全天候的照护时,老年人的家属也显得力不从心,不能给予更专业更周到的服务,这时养老机构就可以提供相应的服务,解除老年人及其家属的困扰,提供24小时的全方位专业护理,让老年人得到更好的照护。因此,对于目前出现的有些养老机构床位空置,而又有许多老年人需要服务却无法得到满足的现象,应该在对现有的养老机构进行功能划分的基础上,增加重度护理养老院的比例,其中最快捷和最有效的方式是让现有的一些具有一定护理能力和潜质的养老机构转型,在政策上和资源上给予扶持,帮助这些养老机构增加服务设备和服务床位,改善服务环境,并培养更多相关的护理人员,提高他们护理的能力和水平。

最后,对于当前不断发展壮大的老年公寓,各地均给予支持和鼓励,但也要防止盲目性。老年公寓的发展应满足老年人不同层次上的需求,一般老年公寓是满足自理老人养老需求的一种公寓式居住方式,但是我国目前老年公寓的定位并不明确,许多公寓均面向所有的老年人,包括介助、介护老人,但提供的护理和照料服务的能力和水平却参差不齐,有的甚至达不到专业的护理水平,护理人员的服务技巧不足。改变老年公寓的功能趋同化的现状,可以将部分老年公寓转化为老年护理院,转型为专业护理介助和介护老人的中度和重度护理老人院。而老年公寓应主要为低度护理老人院,服务于基本可以自理的老年人,给予有需求意愿的老年人提供更多元化更丰富的公寓式养老服务。当然目前也遇到一些发展上的瓶颈制约,就是收费问题,很多老年人认为老年公寓收费较高,他们无法承受,于是望而却步。针对这种现象,可以适当考虑将老年公寓进一步分类,一类主要是针对有支付能力的老年人提供他们所需要的居住环境和服务的老年公寓;一类主要是政府适当给予扶持的针对支付能力较弱的老年人提供的公寓式养老空间。

第三节 养老机构的安全管理内容和难点

一、养老机构常见的安全问题和事故类型

养老机构意外伤害事故是指在养老机构实施的活动中,在养老机构负有管理责任的院舍、场地及其他养老设施、生活设施内发生的,造成老年人人身伤害后果的事故。一般构成养老机构意外伤害事故必须具备五个要件:一是受害方必须是在养老机构的老年人;二是必须有导致养老人员意外伤害事故的行为;三是导致伤害结果的原因可能是管理人员或护理人员的行为,也可能是养老人员自身及其他养老人员的行为;四是必须有伤害结果发生,导致伤、残,甚至死亡,也包括精神上的伤害;五是伤害行为或结果必须发生在养老机构对老年人负有管理、护理等职责期间和地域范围内。

常见的安全问题和意外伤害事故有:跌倒后骨折、呛噎与窒息、坠床、走失、误吸或误服、皮肤压疮、烫伤、自伤或他伤、突发疾病死亡(猝死)、社会安全事故、医疗事故等。

(一)跌倒后骨折

养老机构中最为常见的意外伤害事件是跌倒后骨折。据统计,跌倒后骨折占养老机构常见意外伤害事件的70%~80%。老年护理院中老年人的意外伤害与环境设施关系密切,34%发生在上下床过程中,20%发生在浴室,7%发生在坐下起立过程中;有80%以上的跌倒发生在夜间。

(二)呛噎与窒息

老年人会厌反射功能降低,咽缩肌活动减弱,容易产生吞咽困难、进食饮水呛咳;老年人视力、智力也会出现不同程度的减退,常造成呛噎、误食误吸的发生;脑卒中后遗症老年人,常常因为疾病影响吞咽功能而易发生噎食。

(三)坠床

老年人发生坠床,主要与其平衡感觉的减退、纠正失衡自控力减弱和环境的改变(如病床过高、过窄、床栏陈旧等)有关,也有痴呆老年人因躁动而发生坠床。

(四)走失

老年人记忆减退,或患阿尔茨海默病的老年人常有走失情况发生。

(五)误吸或误服

老年人嗅觉降低,短程记忆力欠佳,易误吸、误服各种药物。如用药剂量不正确、服用不明的院外私带药物,特别是服用抗高血压药物、降血糖药或注射胰岛素、服用镇静安眠药的老年人,误服药物和药物不良反应致害的风险性更大。

(六)皮肤压疮

常见于由于疾病的原因长期卧床的老年人,他们自主活动能力差,极容易引发压疮,其主要发生部位为尾骶部、足跟、臀部、肘部、耳郭等。

(七)烫伤

老年人感觉迟钝,反应能力下降,在使用频谱照射仪、热水袋、电热毯等时容易发生烫伤;患有移动障碍的老年人在泡脚时,如果热水温度过高,也容易发生烫伤。

(八)自伤或他伤

相对其他安全问题,自伤或他伤行为比较少见。常见的有痴呆老年人攻击同室老年人;烦躁老年人在使用防护性约束带后有情绪上的抵触,用肢体撞击床栏,导致手臂皮肤血肿等。

(九)突发疾病死亡(猝死)

猝死常由老年人夜间突发心脏疾病引发,如患有冠心病、高血压、心律失常等疾病的老年人,往往因疾病发作突然,抢救无效而死亡。

(十)社会安全事故

主要包括火灾、触电、传染病、老年人外出交通意外、群殴等,工作人员欺负、虐待、谩骂老年人等侵犯老年人权益的行为也可能导致事故,且较容易引发矛盾和纠纷。同时,养老机构不是一个封闭的场所,每天会有很多人出入养老机构,如老年人的访友或外出就诊、家属的探访、领导的视察、学生的参观、志愿者的服务等,往往人员较多且杂、流动频繁,给养老机构带来的安全隐患较多,容易发生财物丢失事件,给老年人造成经济损失和心理不安全感。老年人记忆力减退,个别有在床上吸烟的不良习惯;养老机构部分设备设施、电线老化失修,有诱发漏电、发生火情的可能。在养老机构内,如果环境物体表面、工作人员的手、空气、餐具微生物的消毒不严格,容易引起微生物的传染。养老机构如果发生传染病,就具有感染途径多、感染病种复杂、感染范围大、后果严重等特点。

(十一)医疗事故

老年人年老体虚,免疫能力较低,是疾病的高发人群,为此,大部分养老机构为入住的老年人提供医疗服务。在服务过程中,因个别医护人员工作上的不到位,有可能发生意外医疗事故,如气管套管脱出、输液差错、错误用药、过量用药、误诊等。

二、影响入住老年人安全的因素

养老机构安全问题和意外伤害事故的发生由多方面的因素造成,有老年人自身的不安全因素、工作人员的不安全因素、安全管理的不安全因素等几个方面。

(一)老年人自身的不安全因素

1. 生理因素

老年人是发生意外伤害事件的高危人群。由于老年人生理性衰老,不可避免地存在着组织器官功能衰退,并且这种衰退还将随着年龄增长而更加明显,成为影响老年人晚年生活安全的最大因素。老年人感知冷、热、痛的能力下降,生理性姿势控制、维持身体平衡能力降低,肢体协调功能减弱,出现步态改变、脚抬不高、关节活动不灵活等,极易发生跌倒、烫伤、骨折等意外伤害。

2. 疾病因素

大多数老年人伴有各种类型的急慢性疾病,如脑血管病及后遗症、高血压、肺部感染、心脏病、糖尿病等;基础的日常生活活动能力受损,其中以如厕、翻身、洗澡受损率最高,常伴有运动障碍、步态失调、机体功能下降等;疾病加速了生理性衰老,肢体和脏器功能每况愈下,晚年生活的不安全因素增加,意外伤害事件发生的概率剧增,如老年人上厕所排便后起立,直立性低血压发作后跌倒,导致股骨颈骨骨折;脑卒中后留有肢体偏瘫的老年人,长期卧床可能会引起压疮,锻炼时步态不稳也容易发生跌倒。

3. 药物因素

老年人病理性老化导致老年疾病增多,某些疾病需要使用药物治疗,如老年人在服用降压药、降糖药、血管扩张药、强心剂、抗心律失常药时可能诱发直立性低血压而致跌倒,特别是使用中枢神经系统的药物如镇静药、催眠药、麻醉镇痛药等,会显著削弱老年人的认知能力、平衡能力、反应速度等,增加了意外损伤发生的危险性。

4.社会心理因素

老年人由于心理和生理的老化,其承受和缓冲精神创伤的能力有所下降,特别是居住在养老机构的老年人,随着年龄的增加,面临较多的负性生活事件,如丧偶、收入减少、远离子女、失去亲人以及患躯体疾病等。有的老年人由于长期远离社会,与他人的交流减少,心理脆弱,容易想不开、产生偏激想法而引发恶性事件。有的老年人与子女间联络少、很少有人来探望、与周围老年人的关系不融洽,产生孤独、抑郁情绪,甚至出现轻生念头。

(二)工作人员的不安全因素

目前,我国部分养老机构的护理人员主要以护工和养老护理员为主,大多数人员没有经过专业培训或培训不够,缺乏相关的理论和技能的学习,对老年人生理特点的认识和对病理情况的判断、处理经验明显不足,对老年人安全防范知识知晓率普遍较低。养老机构工作人员缺乏责任心和安全意识,护工生活护理的专业技能、医生抢救水平、医护人员服务态度是工作人员不安全因素中较突出的问题,如护理员对高龄老年人严重的老化程度估计不足,像骨质疏松可能出现自发性骨折,缺乏预见性;对痴呆老年人的意外躁动程度估计不足,最终导致跌倒、坠床的发生;压疮管理机制不完善、护理员的责任心不够、压疮防护知识缺乏或对压疮的防治没有引起足够的重视、护理不当,导致卧床老年人压疮的发生。

(三)安全管理的不安全因素

某些意外事故与养老机构疏于管理有密切关系,如存在工作人员安全意识不强、对不安全的相关因素认知不高、安全防范措施针对性不强等问题。管理上的漏洞主要表现在制度不健全、管理不到位、不能保障老年人的入住安全,如老年人食堂熟食生食混放,导致老年人出现食物中毒的事件。有些私营养老机构没有与老年人及亲属签署入住协议,即使签订了入住协议,也没有明确责任条款,没有免责条款,因此发生入住意外事故时就显得十分被动。目前部分养老机构对医疗力量的投入不足,缺乏连续的动态管理和安全隐患识别机制,意外发生前无防范措施,意外发生后的应急处置措施不妥,急救措施缺乏记录,容易引发纠纷。养老机构消毒工作中有些工作人员消毒意识较为薄弱、消毒药械使用和消毒方法不够规范,容易导致疾病的流行,老年人免疫力和抵抗力低下,对病原微生物的易感性高,一旦有疾病传入,容易发生暴发流行。

(四)环境设施的不安全因素

近年来,新造老年公寓、福利院不断增加,居室环境基本能达到建设部和民政部发布的《老年人建筑设计规范》要求,但城乡敬老院、部分养老机构由于历史原因和建设资金等瓶颈问题,导致设施陈旧简陋、设备老化、环境改造不彻底,主要问题有:地面湿滑或不平、走廊无扶手、体质虚弱的老年人行走时缺少支撑物;房间里无床边呼叫器、没有求助门铃或电话等求助设施,当老年人有紧急情况时不能短时间内获得帮助;夜间无地灯,夜尿频繁的老年人易发生意外。此外,老年用品缺乏安全设计元素:浴室内无防滑设施、沐浴椅子;老年人用的坐便器、凳子等缺乏科学设计,过于简便、不稳,无约束带等保护装置;护理车、轮椅、床等保护性设计仍达不到满足躁动或痴呆老年人的安全需要。养老机构硬件设施不完善、居住环境布局不合理,还有各种不安全的设备,如不适当的灯光、不平整的地面、稳定性差的家具等,都是发生跌倒的诱因。

三、安全管理的难点

养老机构安全管理的难点主要有以下几方面:

(一)安全意识欠缺

目前,不少养老机构管理者,特别是农村敬老院的管理者没有受过专业教育,缺乏基本的安全理念,没有建立应急预案。有的养老机构的安全管理工作主要由养老机构自己建立的安全委员会负责,没有全体员工参与的意识。

(二)安全服务技能不高

大部分养老机构的管理者和服务人员没有受过专业培训,或接受培训不系统、不经常,面对突发事件,不会处理,或处理后效果适得其反。

(三)内部化倾向

由于种种原因,养老机构对所发生的意外事故和纠纷处理持"家丑不外扬"的态度,不太愿意多讲,忌讳外人知晓,没有起到经验教训资源共享或安全预警的作用。

(四)法律不完善

养老机构意外事故处理还没有明确的法律规定,不能像医疗机构一样按照《医疗事故处理条例》进行处理,以至于常常变得复杂化。

第四节 养老机构的安全防范制度和设备

一、安全防范制度

养老机构工作对象的特殊性给养老机构的服务人员提出了更高的要求,安全防范制度的制定,是保障老年人生命健康和生活质量的重要内容。

(一)入院评估、宣教制度

老年人入院时由注册护理员完成体检资料和医疗证明的核查,用各项"风险评估表"进行评估,如对坠床/跌倒危险、走失危险、皮肤压疮危险、骨折和心脑血管病意外等常见老年人意外风险的评估,以及对肌力、行走功能、吞咽功能的评估。存在高风险者,需采取预防措施,并制订护理计划。

医护人员根据老年人身体情况和生活自理能力,确定并实施不同级别的护理。

医护人员要提供安全知识指导,增强老人防护意识,做好相关宣教。对存在高风险因素的老年人在其床头挂警示牌。每周复评一次,如有情况突变随时评估。主管护士每天评估、书写记录。压疮高危老年人每班评估,跌倒危险老年人每周评估1~2次。

(二)老年人管理制度

老年人由于在生理、心理、情感、认知、社会等方面的特殊性,在临床工作中必须加以重视,以确保他们的安全。养老机构工作人员应关注老年人以下安全问题:

1. 防坠床

通过使用床栏、加强陪护等措施防止坠床发生。

2. 防跌倒

保持地面清洁干燥、无障碍;对行动不便、视力欠佳者应加强陪伴。

3. 防走失

将老年人活动范围分为小区活动、园内活动和自由出入活动,并用不同颜色胸牌显示,入园后登记是否准许出入,严格按老年人活动范围进行管理,必要时由专人陪护。制定老年人外出请假制度,入住期间,老年人不得擅自离院,若需要离院,则需履行相关请假制度并签字。

4. 防假牙误吸

手术、气管插管、睡眠、病情危重等情况下,应取下活动性假牙。

5. 转运过程的安全

转运老年人时,尽量使用轮椅和平车,并有专人陪护。

6. 皮肤保护

老年人由于皮肤弹性差,末梢神经敏感性降低,对各种有害刺激的保护性反应降低,加之老年人不愿活动,所以很容易发生压疮、烫伤,应予以关注。

7. 体位改变应缓慢

因老年人心血管系统调节能力差,体位变化过快易引起血流动力学改变。

8. 准确服药

由于老年人记忆力下降,有时可能会漏服药或多服药,护理员应加强协助。

(三)住院安全制度

住院安全制度包含以下方面:①物品固定放置,便于清点,保证老年人行动安全。②住房内禁止吸烟与饮酒,禁止使用电炉、酒精灯及点燃明火,以防失火。③加强对探视人员的管理。④贵重物品不要放在住房内,加强巡视,如发现可疑分子,及时通知保卫处;空住房要及时上锁。⑤晚九点应及时劝导住房内探视人员离开病区,并督促老年人休息。⑥按要求畅通防火通道,不堆、堵杂物;消防设施完好、齐全,上无杂物。⑦规范养老机构感染职能部门职责,设立专职感染管理人员,加强对养老机构人员感染知识的培训以及效果考核。

(四)意外事件的防范制度

加强对护理员的安全意识教育,进行法律、行政法规、规章制度和诊疗护理规范的培训和职业道德教育。

强化护理服务活动的规范化管理,制定护理服务规范的评价内容和评价标准,不断完善安全质量管理,使意外事件的发生率及危害降到最低限度。

加强对护理员的专业知识技能的训练和考核,提高护理员的业务素质。

建立养老机构安全自查制度,定期进行安全质量检查。对发现的不安全因素或隐患,及时在安全会议上进行分析、讨论,并提出整改意见。自查内容主要为:①有无有章不循的现象;②有无制度执行不严和违反规章制度的情况;③日常护理操作规程执行情况;④是否存在制度管理的薄弱环节。

医护人员在医疗活动中,必须严格遵守医疗卫生法律、行政法规、部门规章和诊疗护理规范,恪守医疗服务职业道德。

二、安全防范设备

养老机构作为对老年人提供住养、生活护理等综合性服务的机构,承担着提供护理服务、确保老年人安全、提高老年人生活质量等多重任务,而随着高龄化明显扩大的趋势,高龄带来的老年人失能问题则对养老机构的专业化服务提出了更大的挑战,完善的设施设备系统是养老机构正常运营的基础和保障。

(一)设备设施安全要求

养老机构配套服务设施配置应按照《老年人居住建筑设计标准》执行,如公共区域应设置餐厅、卫生间、浴室、活动场所,餐厅布局应合理,桌椅应完备、干净整洁;卫生间应设置坐式蹲位、残疾人蹲位,具有安全防护设施,通风良好、无异味;浴室应有安全防护措施,洗浴用水水温应可调节,温度适宜;活动场所应设置固定的健身设施、设备,应设置固定座椅,设施、设备应符合老年人的身体条件和特点;室内活动场所应光线充足,配有文化娱乐用品;应设置公共洗涤场所,配备洗涤用具;应配备老年人常用的康复器具;居室和卫生间应配置紧急呼叫设备。

养老机构建筑在正式投入使用之前,应通过公安消防机关的消防验收,其建筑防火设计、内部装修设计及使用装修材料的燃烧性能等级,应符合《养老机构基本规范》的相关规定,按规定设置火灾自动报警系统、自动灭火系统或室内外消火栓系统及防排烟设施,配置相应的灭火器材;消防安全标识牌及其照明灯具等应符合规定,定期检查与维修,至少半年检查1次,发现问题应及时修整、更换或重新设置。

任何单位、个人不应损坏、挪用或者擅自拆除、停用消防设施、器材,不应埋压、圈占、遮挡消火栓或者占用防火间距,不应占用、堵塞、封闭疏散通道、安全出口、消防车通道;人员密集场所的门窗不应有影响逃生和灭火救援的障碍物;消防设施、器材应定期组织检验维修,并对消防设施每年至少进行1次全面检测,确保完好有效。

正确选用各类用电产品的规格型号、容量和保护方式,用电产品的安装、使用及维修应符合规定,不应擅自更改用电产品的结构、电气线路的原有配置以及保护装置的整定值和保护元件的规格等;电器线路、电气设备的安装应由专业人员实施,依法进行检测;养老机构选择使用的燃气灶、热水器和壁挂炉等燃气器具应经有资质的检验机构检验合格,使用燃气的设备及场所应设可燃气体报警装置。

特种设备在投入使用前或者投入使用后30天内,养老机构应向特种设备安全监督管理部门登记;登记标识应置于该特种设备的显著位置;进行经常性日常维护保养,至少每月进行1次自行检查,并做记录;安全检验合格有效期届满前1个月应向特种设备检验检测机构提出定期检验要求;电梯维护单位应至少每15天对养老机构在用电梯进行1次清洁、润滑、调整和检查,并做记录。

健身器材的安全注意事项和警示标识应设置在活动区显著位置;养老机构应定期对在用健身器材进行清洁、润滑、调整、检查、维护,并做记录,发现情况异常,应及时处理。

养老机构应对存在较大危险因素的部位和有关设备、设施设置安全标识,安全标识牌的型号选用、设置高度、颜色表征、使用要求应符合规定,对安全标志牌至少每半年检查1次,如发现有破损、变形、褪色等不符合要求的应及时修整或更换;对在紧急情况下使用的通信设备(这种通信设备应设在每个呼叫点和电话机所在位置)应使用安全标识醒目地标示,对设备的背景区域应标记或照亮;安全出口、疏散走道和楼梯口应设置灯光疏散指示标识,疏散指示标识应设在安全门顶部或疏散走道及其转角处距地面高度1米以下的墙面上,且疏散指示标识的间距不应大于 20 米;安全玻璃门、玻璃墙应有警示标识并设置在显著位置。

对于监控设备,应明确设备设施安全使用注意事项,并在显著位置公示;监控设备的设置做到重点公共区域全覆盖;设置监控系统的养老机构应有监控系统控制室,并应有专(兼)职人员 24 小时值班;值班人员要坚守岗位,做好运行和值班记录,执行交接班制度。

(二)目前常见的养老机构安全管理设备

1. 电视监控系统

电视监控系统主要由摄像机、手动图像切换、电视屏幕等组成,一般安装在养老机构出入口、电梯内、楼房通道等地方,用于发现老年人日常生活中出现的突发情况和可疑人员或不正常现象,以便及时采取措施。

2. 安全报警系统

在养老机构的消防通道、门卫、财务部等重要位置安装报警系统,以防止盗窃、抢劫、爆炸等事故的发生;在设有煤炉、燃气炉等设备的房间内,应该安装有害气体报警器,防止老年人中毒。

3. 自动灭火系统

自动灭火系统由多种火灾报警器、灭火器、防火门、消防泵等组成,是养老机构安全必备的设施。

4. 通信联络系统

通信联络系统是指以安全监控中心为指挥枢纽,通过呼唤机等无线通信器材而形成的联络网络,使养老机构的安全工作具有快速的反应能力。

5. 电子门锁系统

电子门锁系统对养老机构的安全管理能起到很好的作用。为加强对盗窃团伙的防范,目前的电子门锁系统已进步到在电子锁上安装自动破坏解码器的装置,当犯罪分子将解码器插入电子锁时,该装置就能将解码器毁坏并报警。有条件的养老机构还可以为老年人配备防走失系统,为老年人佩戴定位设备,在老年人未经登记批准程序离开养老机构时,报警器会自动提醒管理人员。在老年人走失后,也可以借助定位装置快速找到老年人。

6. 安全防护辅助产品和辅助器具的配置

对于老年人而言,由于身体机能逐步衰退,自理及感知觉、沟通、社会适应等方面的能力显著下降,加上一些疾病后遗症,如脑卒中或精神系统疾病造成的躯体障碍影响,使得老年人的部分生活能力需要借助辅助器具或他人的帮助才得以维持。养老机构中失能老年人最常用的辅助器具多为站立行走架和防压疮床垫,这两种辅助器具是老年人安全和舒适的最基本保障。对于养老机构而言,辅助器具既是保证老年人安全、维持老年人功能的必备品,又是降低机构人力资源成本、缓解工作人员不足状况的有效物品。

第五节 养老机构的安全管理措施和程序

一、建立安全管理组织体系

养老机构应依法建立安全管理部门,由安全责任人、安全管理人员、相关部门和具体实施安全工作的专(兼)职人员组成,逐级负责本机构的安全管理工作。养老机构的安全责任人应是机构法定代表人或主要负责人,主持制定各种意外事件应急预案和处理意外事件,召开安全会议。安全管理人员的要求及职责如下:

(一)安全管理人员要求

养老机构应按照机构总人数及服务内容配置相适应的专(兼)职安全管理人员。安全管理相关工作人员应熟悉国家和地方与安全管理相关的法律法规及技术规范,并取得相关部门认可的资格证书,持证上岗,具备必要的组织协调能力和突发事件应变处置能力。

(二)各级安全管理人员职责

安全责任人应全面负责本机构的安全工作,依法开展安全管理工作;建立安全管理部门和组织(含义务消防组织);审查批准安全制度、组织制定并实施安全事故应急预案;定期研究、督导安全问题;及时、如实向上级主管部门报告安全事故。

安全管理人员应负责本机构主管范围内的安全工作;负责制定安全管理制度和年度安全工作计划,组织实施日常安全管理工作;督促、落实隐患整改工作;定期向安全责任人报告安全工作情况,及时报告涉及安全的重大问题。

二、完善安全管理制度

养老机构应根据老年人的特征制定相应的安全管理制度,并建立分级护理评估体系。

(一)制定安全管理制度

养老机构应遵守国家法律法规要求,建立健全各项安全管理制度。安全管理制度应明确相关部门及人员的职责、权限、工作内容、工作流程及要求。制度应包括但不限于安全责任制度、安全教育制度、安全操作规范或规程、安全检查制度、事故处理与报告制度、突发事件应急预案、医疗护理安全管理制度、考核与奖惩制度等。

(二)建立和规范老年人分级护理评估体系

养老机构应根据老年人的特征制定分级护理评估体系。老年人入院后,医护人员根据老年人身体情况和日常生活活动能力(ADL)评分,确定并实施不同级别的护理。

三、落实安全防范措施

许多医疗纠纷的发生与规章制度不完善、操作规程不落实、医务人员责任心不强有关,所以需要加强医务人员责任心的培养,严格落实安全防护制度,确保入住老年人的安全。

(一)强化安全防范意识

养老机构管理者要利用各种形式对员工进行安全教育,增强员工的安全意识,可以举办各种安全讲座或讨论会,请老年人及家属参与安全管理,提高养老机构全体人员的安全意识,大家一起做好安全防护工作。

(二)落实安全防范措施

1.严格执行老年人用药安全管理规定

利用固定图案、标签、醒目的颜色的药盒(如用红色、白色、黄色药杯)分装每日不同时间服用的药物;发药时"三查七对";对孤独感强烈者给予更多的关注和看护;对有轻生倾向的老年人,要注意老年人情绪变化,管理好刀、剪子、绳子等物品;在痴呆老年人衣服里角印上老年人姓名、护理院名称和电话;吃饭有人观察,散步有人陪伴,沐浴给予防护性约束;对痴呆烦躁老年人、可能坠床或跌落轮椅者进行必要的约束,并向家属讲解约束的理由,取得认同。

2.落实饮食护理制度

对有呛噎的老年人可给予干稀搭配合理的饮食,喂食时每一口多少要适宜,速度不可过快,除治疗或操作需要外,病床任何时候都与地面保持最小距离,减少老年人坠床意外等。

3.落实质量检查制度

管理者应经常检查制度落实情况,检查工作人员是否按照安全操作流程、操作规范进行护理,把好各环节质量关,确保护理安全。护士长、护士每周对每位老年人的高危因素和潜在危险因素进行评估,检查防护措施是否落实,对房间内的呼叫系统、地面、厕所环境设施、老年人行走路线、扶手的稳定性等环节详细检查,及时发现并解决各种隐患;填写风险管理报表,将存在问题在每周小组讨论会上通报,分析原因,提出改进措施;每发生一次意外事件,都应重新审视操作流程有无遗漏细节,增加操作设计中提醒意外事件多发环节的内容,提高安全意识、护理技能水平,尽量杜绝意外事件。

4.落实安全护理的激励机制

充分调动护士的工作积极性,成立科室安全质控小组,考核公开、公平、公正,奖优惩劣,弘扬先进;经常询问护理员对老年人安全的想法及哪些做法可改善老年人安全环境,对建议进行分析,并在可能的情况下做出改革;注重老年人身心健康发展,规范护患沟通行为,了解老年人的身心需求,耐心倾听老年人的诉说,多用解释性语言耐心解答老年人的问题,鼓励老年人以积极乐观的态度应对负性生活事件的打击;不要带着不良情绪与老年人交流,不要与老年人发生争执,不要谈论老年人的隐私,善待每一位老年人,思考老年人出现奇怪举动的原因,维护老年人的尊严,尊重老年人;经常举办一些有益于老年人身心健康的娱乐活动,让他们充分感觉到自己的价值,给老年人提供身体、心理、精神、文化等的全面支持;合理制订老年人的日常生活作息时间表,安排老年人进行适当的体育锻炼,锻炼有利于老年人肢体功能恢复,减少跌倒的发生。

四、建立安全培训体系

安全培训是安全管理的一项最基本的工作,也是确保入住老年人安全的前提条件。建立安全培训体系,强化全员安全意识,指导员工对意外事件的紧急处理方法,才能从根本上解决老年人护理安全中存在的隐患。

(一)入门培训

老年护理工作有其特殊性,养老护理员需要经过岗前培训后方能上岗。养老机构的管理者需要制订岗前培训计划,将安全管理相关知识、技能培训纳入岗前培训中,灌输热爱老年人、帮助老年人的高尚价值观,培养养老护理员的慎独精神。

(二)定期培训考核

养老服务是一个特殊的行业,医护人员的素质和能力与护理缺陷、事故的发生往往有着直接的联系,因此医护人员应具备针对老年人的专业服务技能,要保证入住养老机构老年人医疗护理工作的安全。一方面要抓好从业人员专业培训,走服务队伍专业化之路;另一方面要强化服务质量意识,完善服务,防患于未然。机构管理者要制订计划,定期培训和考核护理人员的老年护理理论和操作技能,外送护理人员出去参观学习、学术交流、开展课题研究等;为保证养老护理人员队伍的稳定,需要加强养老管理队伍建设及养老护理员的专业化培养,结合养老护理员的分级管理,提升工资待遇,提供专业发展机会;逐步建立养老护理员的职称评审体系,让专业队伍自身能够看到发展的远景,是专业队伍稳定的基础。

(三)意外事件紧急预案的模拟培训

据不完全统计,目前我国社会养老机构已超4万家,当养老机构成为营利性机构,其应该承担的责任显然不能局限于"替子女尽孝"。养老机构的医护人员除了应具备为老年人提供生理、心理、社会、文化等服务的基本素质外,还应具有在繁重的日常医疗护理工作中应对和处理突发意外事件的能力。但是目前有一些养老机构在实际工作中能做到的只有基础护理,包括老年人的清洁护理、饮食护理、排泄护理,远远达不到《养老机构服务质量标准》规定的老年专科疾病护理、老年心理护理、老年康复指导以及老年期健康教育,缺乏对突发事件紧急处理的能力。机构管理者可以将意外事件如骨折、烫伤、噎食、刮伤、走路跌伤、坠落、走失、自杀等典型案例进行分别剖析,或者将各种意外事件和紧急应对预案拍摄成情景短片,让工作人员模拟实训,熟悉紧急预案实施流程,真正发生意外时才能最快、最科学地处置,避免继发损伤。养老机构也可以与各级医学护理院校合作,建立长效的合作机制,开展多种形式多途径的疾病护理和急救技能培训活动,形式可以是专题讲座、宣传咨询、集中教育培训、知识竞赛、模拟演练,培训内容主要包括老年人常见慢性疾病急性发作观察和处理,心搏骤停、食物哽噎、外伤骨折等意外事件的急救技能。

五、制定意外事件处置预案

减少意外事件的发生,预防是关键,意外紧急处置预案就显得必不可少。养老机构需要制定跌倒、烫伤、噎食、坠床、走失、自杀及火灾意外等的紧急预案,所有工作人员必须反复训练、熟练掌握,为抢救处置快速、有序、有效、科学打下良好的基础。意外事件发生后,启动"不良事件"自愿报告系统,组织讨论,分析原因,实施改进。

第七章　新时代社区居家养老体系建设

第一节　社区居家养老服务体系的组织机构设置

一、老年人社会照顾体系

以老年人自身、亲属、朋友、政府、社会服务机构等各种支持力量构成的,可以在老年人的生活、精神等方面给予照护的体系,称为"老年人社会照顾体系"。要想对这一体系进行研究,可以借助国外学者提出的老年人系统照顾模型,具体内容如图7-1所示。由图7-1可知,这一模型是以老年人为核心、由半径从小至大的六个同心圆所组成的,半径的大小主要是由其与老年人社会距离的远近来决定的。其中,亲属、邻居和朋友的距离比较近,这部分属于老年人的非正式照顾力量;中介支持的距离稍远,这部分社会照顾力量比非正式照顾力量要更为规范、正式,但其与正式照顾力量相比又略显不足,属于准正式照顾力量;志愿组织与政府服务组织、政治和经济制度的距离较远,这部分属于老年人的正式照顾力量。

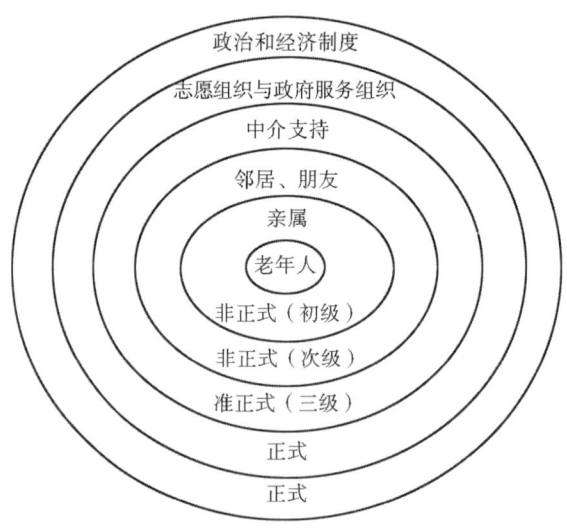

图7-1　老年人系统照顾模型

事实上,在我国传统的养老模式中,老年人的生活照料主要依赖图7-1模型中最靠近老年人的两个同心圆,即非正式照顾力量,这一力量可以满足老年人物质、心理和精神三方面的需求。图7-1模型中处于中间层的中介支持近年来在照护老年人的过程中逐渐发挥着越来越重要的作用,中介支持是连接政府与社区居民、政府与市场、政府与企业、市场与企业、企业与个人的纽带,其作用不可忽视。志愿组织与政府服务组织、政治和经济制度是图7-1模型中处于6个同心圆最外面的两层,即正式照顾力量。其中,前者的作用是从操作层面着手解决老年人的具体问题;后者的作用是从政治、经济制度等层面解决老年人消费、健康、待遇等福利问题。

只有正式照顾力量、准正式照顾力量和非正式照顾力量协同合作,最终才能达到从个人到社会共同合作照顾老年人的目的。而且,随着生活节奏的加快,年轻一代生活压力的加重,非正式照顾力量在老年人照护中发挥的作用会越来越小,准正式照顾力量和正式照顾力量会逐渐发挥越来越重要的作用。

二、社区居家养老服务资源

社区居家养老服务体系的发展需要多方面资源的支撑,不同的老年群体需要有适应其群体特点的资源。

(一)社区居家养老服务资源的定义

经济学和社会学对资源的定义是不同的,本书的研究重点是资源在社会学层面的定义。资源是能够满足人们需求和利益的商品、非商品(如信息等)和事件(如选举等)。社会资源是指个体在社会网络中通过直接或间接的社会关系获得的资源,以更好地满足其生存和发展的需要。

根据存在形式分类,社区居家养老服务资源可以划分为四类。一是物质资源,这部分资源决定着老年人生活问题的效用,是包括衣、食、住、行和福利设施在内的基本资源;二是资本资源,这部分资源用于保障老年人最基本和普遍的资源,如养老金等;三是服务资源,这部分资源是满足老年人生活需要的软资源,主要通过提供养老服务等方式来达成;四是制度资源,这部分资源在重新分配其他资源方面发挥着重要的作用,如《中华人民共和国老年人权益保障法》。

综上所述,社区居家养老服务资源的定义是:能够为享受社区居家养老服务的老年人的物质和精神生活提供保障的各种社会福利服务资源,包括物力、人力、财力、技术、信息等。

(二)社区居家养老服务资源的分类

社区居家养老服务工作得以有序开展的前提是具备各种类型的社区居家养老服务资源。具体来说,社区居家养老服务资源可以根据服务对象、服务功能和主管部门的不同,进行细致的分类。

1. 按服务对象分类

根据服务对象的需求状况分类,社区居家养老服务资源可以分为满足生活基本不能完全自理老年人需求的服务资源、满足生活能自理老年人需求的服务资源以及满足所有老年人需求的服务资源三大类。

(1)满足生活基本不能完全自理老年人需求的服务资源

老年日间护理中心(托老所)、社区居家养老服务中心、社区家政服务和紧急援助服务、家庭病床、老年护理院等。

(2)满足生活能自理老年人需求的服务资源

社区服务中心、老年活动中心(老年活动室)、老年学校(老年分校)、社区文化中心(文化室)、图书馆(图书室)、健身点(健身馆)、退休职工活动室、社区老年志愿服务团体等。

(3)满足所有老年人需求的服务资源

社区事务受理中心、社会救助管理所、社区服务信息网、老年婚介所、社区老年人法律咨询服务室、社区卫生服务中心、社区老年人基本信息网、有关老年人健康档案信息和家庭保健医生制度、街道社会保障服务中心、有关老年人领取基本养老金和享受基本医疗保险的制度、各专科医院和老年医院等。

2. 按服务功能分类

根据服务资源的功能分类,社区居家养老服务资源可以分为社区照料服务设施、社区学习教育设施、社区健康卫生设施和社区文体活动设施四种类型。

(1)社区照料服务设施

提供居家养老各类服务,例如社区服务中心、托老所、居家养老服务中心等。

(2)社区学习教育设施

提供老年人继续学习、更新知识服务,例如老年大学、社区文化中心、图书馆等。

(3)社区健康卫生设施

提供老年人医疗、预防、保健、康复、健康咨询等服务,例如社区卫生服务中心、老年护理院等。

(4)社区文体活动设施

提供老年人文体娱乐活动,例如老年活动室、社区文化活动中心等。

3. 按主管部门分类

根据服务资源的主管部门分类,社区居家养老服务资源可以分为老年健康与护理、老年文化与教育、老年福利与救助等类型,分别属不同部门管辖。

三、社区居家养老服务设施

养老服务设施不仅是社区居家养老服务事业的载体,而且是加快社区居家养老服务事业发展的重要基础和保障。为了给老年人提供日常护理、短期护理、日托、应急救援、娱乐服务、康复护理、精神慰藉等服务,近年来,我国政府在城镇范围内修建了许多养老服务设施,如社区居家养老服务设施和各类养老服务机构的服务设施等。

随着城镇化进程的加快和城镇老年人口的增长,我国城镇养老服务设施建设用地不足、数量不足、设施落后等问题逐渐凸显,这些问题已经成为制约我国社区居家养老服务行业发展的瓶颈。为此,住房和城乡建设部联合国土资源部、民政部、全国老龄工作委员会办公室于2014年1月发布的《关于加强养老服务设施规划建设工作的通知》中要求,各地政府要结合老年人口规模、养老服务需求,明确养老服务设施建设规划,并将其纳入城镇总体规划中,加强区域养老服务设施统筹协调,从而推进城乡养老服务一体化。

2019年4月发布的《国务院办公厅关于推进养老服务发展的意见》中指出,要充分发挥公办养老机构及公建民营养老机构兜底保障作用,在满足当前和今后一个时期特困人员集中供养需求的前提下,重点为经济困难失能(含失智,下同)老年人、计划生育特殊家庭老年人提供无偿或低收费托养服务;从老年人产品用品、康复辅助器具配置、营养均衡配餐、信息技术应用、家庭适老化改造等方面满足老年人个性化、多样化的需求;推动形成符合国情的长期护理保险制度框架,鼓励发展商业性长期护理保险产品;组织开展对老年人产品和服务消费领域侵权行为的专项整治行动;等等。

基于以上法律规定的颁布,社区居家养老服务设施在实际建设时具有了制度支持,为了便于读者理解,下面以社区居家养老服务中心(站)和社区老年人日间照料中心的建设为例,具体阐述如何建设社区居家养老服务设施。

(一)社区居家养老服务中心(站)

社区居家养老服务中心(站)是社区设置的为老年人提供居家养老服务的机构,其与老龄工作部门紧密联系,可以提供信息服务、生活照料服务、医疗保健服务、紧急救助服务、组织协调服务、老年维权服务、文化娱乐服务和精神慰藉服务等。

社区居家养老服务中心(站)基础设施的建设具体包括以下五个方面。

1. 建筑要求

社区居家养老服务中心(站)需要具备专门的养老护理服务场所和办公建筑,其面积要满足一定要求。不同地区的地方政府对社区居家养老服务中心(站)的建筑面积有不同的规定。例如,武汉市要求社区居家养老服务中心(站)的建筑面积不低于 300 m^2。再如,南京市要求社区居家养老服务中心(站)的建筑面积应符合评定标准:AA 级服务中心的面积应大约在 100 m^2;AAA 级服务中心的面积应大于 120 m^2,且环境应根据老年人的生理特点进行布置,配套设施和功能皆齐全;AAAA 级服务中心的面积应大于 400 m^2,有相对独立的老年人休息室、日托室、餐厅、多功能活动室、图书馆阅览室等设施;AAAAA 级服务中心的面积应超过 600 m^2,具备其他级别应设置的设施。

2. 信息平台

社区居家养老服务中心(站)要有专门用于开展社区居家养老服务的信息平台,该平台有老年人身体状况等基础信息、需求信息,以及养老服务机构的信息,便于双方联络。目前,各大通信公司为抢夺社区居家养老服务市场的份额,纷纷建立了社区居家养老服务信息系统,有的还建立了"老年人一键呼叫—中心响应—服务机构、急救中心与社区联动"的一站式服务链,通过整合一键呼叫、呼叫中心、位置定位、TTS(Text To Speech,从文字到语音)、短信等技术,为老年人及时提供相应的服务,建立全方位、多功能"绿色通道"。在社区居家养老服务信息系统中,社区居家养老服务中心(站)起到呼叫转接、紧急救助、服务转接等功能,该系统的运行流程为:老年人通过一键电话呼叫社区居家养老服务中心(站),中心接线人员根据老年人的需求进行资源协调,如老年人需要健康咨询则转接健康保健专家、需要家政服务则转接养老服务机构、需要医疗救助则转接医疗机构救援等。同时,该系统对老年人的位置进行定位后,可以通过短信提醒家属,进而及时发现安全隐患,保证老年人的生命安全。

3.组织结构清晰

社区居家养老服务中心(站)的组织机构健全,可以实现前台窗口接待和后台协同办理相结合,有专职工作人员负责调查老年人照护需求、制订工作规划、组织协调服务资源、评估服务质量等工作,从而切实落实老年人各项优待、优惠政策。

4.队伍专业化

通过政企合作、委托服务等方式,大部分社区居家养老服务中心(站)与专业的养老服务机构签订了协议,并进行了相关的培训和监督管理。这样一来,在社区服务老年人的服务人员都具有一定的专业能力和素质,保证了社区居家养老服务的服务质量。此外,社区居家养老服务中心(站)还可以在社区组织、建立养老服务志愿者服务队伍,借助专业的服务人员对志愿者服务队伍进行培训,从而提升志愿者服务队伍提供服务的专业性。

5.明确工作流程及制度

社区居家养老服务中心(站)还具有公布社区居家养老服务的发展过程、服务项目、服务价格、服务机构及服务标准、服务质量监督及投诉渠道等功能。

(二)社区老年人日间照料中心

社区老年人日间照料中心是指为生活不能自理、需要特殊照顾的半失能老人提供膳食、个人护理、保健、娱乐、交通等日常服务的设施。日托服务是介于机构养老和家庭养老之间的一种形式,一般由民政部牵头,由每条街道的管理处组织设置社区老年人日间照料中心,社区内设置服务站,并配备医疗、康复及部分生活用品。如此一来,老年人白天可以在社区老年人中心休息、娱乐,并参加一定的社会活动,晚上可以回家休息。

1. 发展背景

近年来,社区老年人日间照料中心发展迅速,主要有以下原因:首先,需求很大。目前,我国有近2000万半失能老人,他们的日常起居需要别人的照顾,但由于家庭规模缩小,家庭照顾资源有限,半失能老人白天的安全问题、生活照料问题难以解决。许多家庭对照料此类老年人的需求越发迫切,基于此,社区老年人日间照料中心应运而生。其次,政府推动。民政部提出"十四五"期间,要在全国社区普及老年人日间照料中心。在该政策的引导下,各级政府加大了投资、建立社区老年人日间照料中心的力度,使其得以快速发展。

2. 特点

社区老年人日间照料中心具有以下特点。

第一,服务时间短期性。社区老年人日间照料中心主要提供日间服务,老年人白天入托,接受专业照料服务,晚上回家享受天伦之乐。

第二,服务对象选择性。由于需要社区老年人日间照料中心和家里的周转,服务对象主要为半失能老人,不适合失能老人。

第三,服务功能的全面性和多样性。社区老年人日间照料中心的主要功能包括:提供日常护理,包括日间休息、餐饮、洗浴等;提供简单的医疗服务,如紧急情况下的基本医疗服务、为身体有障碍的老年人提供基本康复训练服务等;还为老年人提供精神上的安慰,并在社区中为接受居家养老服务的老年人提供一定的娱乐场所,在中心设置一定的娱乐室供老年人享受和交流。

3. 建筑标准

社区老年人日间照料中心集中体现了养老服务以"社区为依托"的精神,是养老服务体系建设的重要环节之一。然而,目前社区老年人日间照料中心存在着面积小、设施缺乏、服务内容单一等问题,不利于其功能的发挥。民政部发布的《社区老年人日间照料中心建设标准》(以下简称《建设标准》)是适用于全国范围的统一参考标准,这也是建设社区老年人日间照料中心项目的重要依据。根据《建设标准》规定,社区老年人日间照料中心的建设内容包括房屋建筑、场地要求和基本配置,具体要求如下。

(1)房屋建筑

社区老年人日间照料中心的房屋建筑面积可以分为三类,需要根据社区居住人口的数量来设置。为了方便老年人的托管,社区老年人日间照料中心可以在社区内设立。对此,不同地区的政府有不同的标准。例如,辽宁省丹东市规定社区居家养老日间照料中心的使用面积要大于 50 m^2,设置的床位数量为 6~15 张。

(2)场地要求

社区老年人日间照料中心建设地点应位于服务对象相对集中、交通便利、水电供应良好、靠近医疗机构、环境相对安静的地方,并应设置一定的户外活动空间和绿地。社区老年人日间照料中心最好可以建在独立出入口的低层建筑中,禁止使用地下楼层,高层部分应配备电梯或无障碍坡道,便于老年人上下楼。此外,社区老年人日间照料中心在设计时,应综合考虑多方面因素:应考虑抗震因素,采用钢筋混凝土结构;应考虑防火因素,且防火等级不能低于 2 级;应考虑良好的通风、采光效果,且窗地比不能低于 1∶6;排水设施应符合国家卫生标准;应设置热水供应系统;寒冷地区应设置供暖设施;老年人休息室每间最少应容纳 4 人,室内通道与床之间的空间应允许轮椅通行,门净宽不应小于 90 cm,走廊净宽不应小于 180 cm。

(3)基本配置

社区老年人日间照料中心根据老年人的需求和各地的实际经济条件,可以设置不同的功能室,包括老年人起居室和服务室,如休息室、餐厅、浴室、理发店等;老年人保健康复室,如康复训练室、医疗保健室、心理咨询室等;老年娱乐室,如棋牌室、阅览室、网络房等;辅助室,如厨房、办公室、公厕等。

第二节　社区居家养老服务体系的组织人员设置

一、养老护理员

养老护理员是与老年人关系最为密切、直接为老年人提供服务的人群，其个人素质、职业素养、技能水平、人力配备直接影响着社区居家养老服务的服务质量，是社区居家养老服务中的重点管理对象。

（一）养老护理员的定义

养老护理员是指对老年人生活进行照料、护理的服务人员，英国称其为"养老护理助手"，日本称其为"介护士"，美国称其为"老年护理助手"。养老护理员是社区居家养老服务工作中的一支重要队伍，是社区居家养老服务行业得以发展的主力军。本书所介绍的养老护理员特指专职上门为老年人提供社区居家养老服务的人员。

养老护理员与传统的保姆、家政服务员的工作内容有所区别。保姆未接受职业培训，工资由雇主支付，服务对象广，工作内容比较广泛。家政服务员是职业化的家庭工作者，其服务对象、服务内容及工资支付的方式与保姆相似，但其接受过一定的专业培训，具有一些专业知识与技能，是保姆的升级。与以上两者不同的是，养老护理员的服务对象是老年人，其工作形式与家政服务员有相似之处，但养老护理员提供的服务更具专业性，具有行业标准，需要进行职业技能鉴定，并且养老护理员所提供的服务属于社区服务，多与民政局或劳动局签订劳动合同，其工资由政府支付，其提供的服务具有一定的福利性。

（二）养老护理员工作内容

养老护理员的工作内容可分为两个方面：一方面是生活护理，包括老年人清洁卫生、睡眠护理、饮食护理、排泄护理和安全防护等工作；另一方面是技术护理，包括老年人用药观察、消毒、冷热敷用、护理记录等工作。对于不同等级的养老护理员而言，行业标准中的技能要求是渐进的，高级别中包含低级别。

（三）养老护理员培训

要想提升养老护理员的水平，养老机构需要从规范职业准入标准和加强培训两方面入手。规范养老护理员的培训制度是提高养老护理员素质的关键，是实现社区居家养老服务规范化、专业化的前提，是提高社区居家养老服务质量和水平的有效途径，是促进社区居家养老服务持续健康发展的基本保障。

二、社区居家养老社会工作者

我国社区居家养老服务工作的发展时间不长，社会工作者在社区居家养老服务中的作用和定位仍处于探索阶段，政府、社会工作者、养老服务机构、老年人和家庭成员对于社区居家养老服务体系中社会工作者的角色和工作的认识还不够明确。事实上，此类人员的社会工作价值观和工作方法在社区居家养老服务体系中有着不可替代的作用。我国一些城市已正式将社会工作者纳入社区居家养老服务体系中，同时在各类养老服务机构和社区中，出现了一大批具有高中及以上学历的、专业的社区居家养老社会工作者。

（一）社区居家养老社会工作者的定义

社会工作者是在社会服务机构中从事专门性社会服务工作的专业性技术人员，其工作的过程和效果受职业素质、能力和经验的影响。社区居家养老社会工作者是指在职业价值观的指导下，根据我国老年社会保障制度和社会福利制度中的规定，结合社会工作中使用的理论和方法，通过专业的操作方法和流程，为老年人特别是不能自主生活的老年人提供服务的人。社区居家养老社会工作者为老年人提供的服务内容包括解决老年人日常生活中出现的各种问题，使其走出困境，维持其与社会的联系，保障其权利，提高其生活质量。

（二）服务对象

社区居家养老社会工作者的服务对象既包括老年人，也包括照顾老年人的家庭成员。根据不同老年人的具体状况，社区居家养老社会工作者的服务对象包括经济困难的老年人、由于长期患病或残疾等原因造成生活不能自理的老年人、人际关系不良的老年人、无法适应退休的老年人、丧亲的老年人以及临终老年人等。需要注意的是，社区居家养老社会工作者的服务对象并不是被动接受服务的人,而是互动的群体。

(三)工作内容

帮助有困难的老年人,满足其基本的日常生活需求,以及满足老年人更高级别的需求是社区居家养老社会工作者的主要工作内容。具体来说,社区居家养老社会工作者的工作内容包括以下九个方面。

第一,为老年人提供基本的生活照料。社区居家养老社会工作者需要运用专业知识,掌握老年医学和老年人行为科学等知识及其最新进展,了解老年人群体的特点和共同需求,尽可能地满足其切实需求。

第二,帮助保障老年人权益。社区居家养老社会工作者需要熟悉与老年人有关的法律法规,并能够运用个案工作法、小组工作法等技巧,为老年人提供专业的法律服务;能够通过与福利机构沟通,保障老年人的福利,保障老年人的合法权益。

第三,帮助老年人自尊、独立地生活。一方面,社区居家养老社会工作者要鼓励老年人积极参与社会活动,发挥其剩余价值;另一方面,社区居家养老社会工作者要搭建老年人与其子女沟通的桥梁,激发子女对父母进行的赡养行为,具体包括经济、生活和情感等全方位的赡养。

第四,帮助老年人转变角色。许多老年人不能适应退休后社会角色的变化,为此,社区居家养老社会工作者需要帮助老年人适应社会角色的转变,具体措施包括:帮助有余力的老年人参与社会建设,进行服务社会和自我发展等活动;为适应能力较差的老年人进行心理辅导。

第五,改善老年人的经济困难问题。社区居家养老社会工作者需要通过调动社会资源,协助解决老年人因丧失工作、长期患病等原因导致的经济困难。

第六,简化医疗卫生服务。多数老年人存在挂号买药、取药等医疗卫生服务需求,社区居家养老社会工作者可以通过建立互助小组的形式,发挥年轻老年人及志愿者作用,或者通过网络挂号等方式,简化老年人的就医、取药方式。

第七,协助照顾者照顾老年人。社区居家养老社会工作者需要及时与照顾者进行沟通,了解其所面临的困难,为其提供信息、物质和精神支持,使其获得休息的机会;协调家庭所有成员积极参与老年人的照护中来,调节可能存在的家庭矛盾;鼓励照顾者参与或成立互助团体,通过团体活动,帮助照顾者获得更多有关老年人照料、沟通等方面的知识与技巧,缓解其压力。

第八,建立和扩大老年人的社区支援网络。社区支援网络是个体与社会的联系体系,是个体获得情绪支持、物质支持、信息与服务的重要载体,可以分为个人网络(家庭成员、朋友等组成的支援网络)、志愿者联系网络、互助网络(同伴关系)、邻舍协助网络、社区授权网络等。社区居家养老社会工作者可以扩大老年人社区支援网络,包括推行老年人社区支援网络的理念,使社区成员成为潜在的支援提供者;积极维持老年人社区志愿网络,为志愿者提供培训,使其具备照顾老年人的能力。

第九,协助临终关怀服务。社区居家养老社会工作者需要疏导老年人对死亡的恐惧情绪,帮助老年人平和地面对死亡。同时,社会工作者还需为老年人的亲属提供支持,帮助亲属照顾老年人,为其提供相应的信息,争取应有的资源。当老年人离去时,社区居家养老社会工作者需要为其亲属提供慰藉,缓解其哀伤、悲痛等情绪,妥善处置善后事宜。

第三节 社区居家养老服务体系中的政府职能

一、我国老年社会保障组织系统

建立健全老年社会保障体系是政府的一项重要职责,在当前的体制背景下,我国老年社会保障组织系统包括政府机构和事业单位。政府机构包括全国老龄工作委员会、民政部、人力资源和社会保障部;事业单位包括中国老龄协会、民政部民间组织服务中心、人力资源和社会保障社会保险事业管理中心、地方兴办的福利院和养老院等机构。

二、社区居家养老服务体系中政府的分层管理

政府在社区居家养老服务体系的建设过程中起着组织者、管理者和推动者的作用,因此各级政府部门分工明确、协调合作是社区居家养老服务体系正常运行的重要前提。社区居家养老服务组织体系主要由中央和地方政府、街道和社区、社区居家养老服务机构以及老年人四个层级组成,通过各级组织的统筹分工,为老年人提供更优化的社区居家养老服务。由于老年人的需求前文已经分析过,这里不再赘述,下面仅着重分析前三个层级。

(一)第一层级——中央和地方政府

在社区居家养老服务体系中,政府的角色是主导者、规划者、决策者和指导者,其职责具体包括以下五项。

1. 完善法律法规和制定政策

在老年人福利事业发展的过程中,政府需要从宏观角度上完善现有法律法规,并制定相应的政策,如制定有利于社区居家养老服务发展的行政法规、地方行政管理法规、部门规章等,以确保老年人照护的科学化、规范化和法制化。然而,当前我国社区居家养老服务在法律层面还存在缺陷。虽然《中华人民共和国老年人权益保障法》明确提出了要大力发展社区居家养老服务,对老年人权益进行保障,但如何发展和管理社区居家养老服务尚缺乏全国性的、具有可操作性的行政法规。在社会保障方面,我国也缺少保障社区居家养老服务正常运行的社会保障法、养老保险法、医疗保险法、养老服务法、养老服务合同法等。虽然某些地方政府出台的规章、意见和规范性文件在一定范围内可以起到规范社区居家养老服务发展的作用,但此类文件缺乏系统性、长期性和根本性,不能从根本上保证老年人得到规范的社区居家养老服务。

综上所述,要想通过完善法律法规和制定政策来健全社区居家养老服务体系,政府要确保做到执行力强且公平、公正、客观。

执行力强是指为确保政策贯彻落实,各级政府必须规范执行。例如,为贯彻《中华人民共和国老年人权益保障法》,各级政府要结合当地特点,制定相关法规和规章,并切实地贯彻和执行,加大监督力度。

公平和公正是指所有客体均有享受政策的权利。例如,在全国范围内,各级政府要确保社区居家养老服务政策的公平性,缩小城乡之间、东西部之间社区居家养老服务政策的差异,为公办和社会经营力量营造公平的竞争环境。

客观是指各级政府要在尊重事实和发展规律的基础上制定政策。例如,从出生到衰老是一个客观的生命周期,在制定政策的过程中,各级政府应遵循老年人不同阶段的需求特点,针对老年前期、老年期、高龄期等阶段的老年人制定不同的政策,不只是注重某一阶段的老年人而忽略其他阶段老年人的需求。此外,在制定具体的社区居家养老服务政策的过程中,地方政府要在客观的民情基础上,充分调研,确保政策对象的参与;在实施和评估的过程中,地方政府要结合政策对象的反馈,使社区居家养老政策真正服务于民。

2. 规划发展方向

政府除了制定社区居家养老服务政策之外,还需要对此类政策实施过程中的人力、物力、财力进行系统的规划和安排,制定社区居家养老服务政策发展规划,确定老年福利项目的短期和长期目标等。2021年,国务院印发的《"十四五"国家老龄事业发展和养老服务体系规划》(以下简称《规划》)中,对提升我国新时期老龄事业的发展水平、完善社区居家养老服务体系进行了顶层制度设计。《规划》立足于我国老龄事业发展和社区居家养老服务体系建设的现实基础,着眼于我国全面建成小康社会的目标要求,明确提出了一个总目标和四个方面的分目标。一个总目标,即到2025年,老龄事业发展整体水平明显提升,养老体系更加健全完善,及时应对、科学应对、综合应对人口老龄化的社会基础更加牢固。四个分目标包括:一是多支柱、全覆盖、更加公平、更可持续的社会保障体系更加完善;二是居家为基础、社区为依托、机构为补充、医养相结合的养老服务体系更加健全;三是有利于政府和市场作用充分发挥的制度体系更加完备;四是支持老龄事业发展和养老体系建设的社会环境更加友好。

3. 完善管理体系

政府完善管理体系的职能主要表现在以下三个方面。

第一,资金的投入与管理,主要以政府购买社区居家养老服务券的形式开展。

第二,引入专业管理机制,科学管理。政府要想对社区居家养老服务进行宏观管理,不仅需要推进社区居家养老服务行业的规范、科学发展,还需要行业内部人员所组成的协会,即社区居家养老服务行业协会的大力推动。该协会能够深入地了解老年人团体及其家庭的需求,为服务对象与政府搭建沟通的桥梁,从而保障服务对象的利益。同时,该协会还可以促进社区居家养老服务行业的资源整合,保证该行业的协调发展,规范社区居家养老服务的服务内容,提高该行业员工的业务水平和素质,进而促进社区居家养老服务行业的可持续发展。

第三,推进社区居家养老服务的社会化和产业化,将市场经济运行体制引入社区居家养老服务行业。

4. 资助扶持

社区居家养老服务具有准公共产品的属性,介于纯公共产品和私人产品之间。对于社区居家养老服务的供给问题,理论上应采取政府和市场共同分担的原则。其中,政府资助方式分为两种。第一,政府直接通过资金调配,实现社会福利资源的合理配置。目前,全国许多地方政府以购买社区居家养老服务券的形式将社区居家养老服务纳入当地的财政预算,同时,其养老政策重点接济的是独居老年人、困难老年人,但此类老年人只是老年人群体的小部分,对更多的老年人群体政府仍停留在帮扶层面。随着经济和社会的发展,政府应使资助方式惠及所有老年人群体,资助内容从基础设施建设投资过渡到提高服务质量方面。第二,政府实行民办公助,即通过拨款的方式,资助社会力量兴办社区居家养老服务项目,进一步推动社区居家养老服务的社会化。目前,为推动社区居家养老服务的建设,各地政府相继出台了适合本地区经济和社会发展的社区居家养老机构服务补贴制度。补贴方式分为两种,一是建设补贴,即在社区居家养老服务中心设施建设期间给予一次性补贴,如天津市财政部门对每个老年日间照料中心给予了 30 万~50 万元的一次性资助;二是运营补贴,即给社区居家养老中心的日常运营提供一定的经济支持和政策支持,如天津市福利彩票公益基金为托老所提供了每月每张床位 100 元的补贴。

5. 创建尊老爱老的社会大环境

尊老敬老是中华民族的传统美德,在老龄化的社会背景下,这一美德更需要得到弘扬和发展,这是为了满足老年人"精神养老"的需求必须做到的。基于此,在创建有利于"精神养老"的社会环境的过程中,政府的职能主要体现在以下四个方面。第一,立法职能,即从法律层面为老年人的"精神赡养"提供保障。2013 年 7 月 1 日起施行的《中华人民共和国老年人权益保障法》(以下简称《老年人权益保障法》)首次从法律层面规定了家庭成员要经常看望或者问候老年人,关注老年人的精神需求,用人单位要保障员工探亲休假的权利。但是,《老年人权益保障法》中对如何实施和监管以上举措并未做出明确的规定,后期还需要不断完善。第二,监管职能。该职能的实现方式有:通过政府工会、民政等涉老部门,积极做好精神养老的矛盾处理工作,充分保障老年人精神养老方面的正当权益;通过监管各类老年心理咨询室等组织的建立和运行,促进社区居家养老服务组织的规范化。第三,舆论导向和教育职能,即政府通过规范报纸、电视、网络等媒介的宣传,引导"精神养老"软环境的健康发展。具体做法包括:通过舆论引导典型事件的宣传,提高社会对老年人"精神养老"的意识;通过在不同群体中开展精神养老教育,为赡养人提供必要的"精神养老"知识和技巧;通过在老年人群体中开展教育,提高老年人自身的心理调节能力和对"精神养老"的感知、认知和接受能力。第四,社会救助职能,即对于精神无助的老年人而言,政府需要承担起社会救助的责任。政府可以通过培训志愿者、开设服务热线等形式,缓解精神无助的老年人的精神压力。

(二)第二层级——街道和社区

街道和社区在社区居家养老服务组织体系中扮演着执行者和操作者的角色,其承担着将政府制定的社区居家养老服务政策贯彻执行的责任,具体包括以下六项。

1. 贯彻执行政策,落实资金配套

街道和社区需要在明确相关政策和法律法规的基础上,进一步细化服务对象、服务内容、服务模式、服务流程等,使各项政策具有更强的可操作性;划拨社区居家养老服务工作的专项经费,将其列入本社区(街道)的年度财政预算;在财政补贴的基础上,通过社会捐赠、义卖等形式,补充社区居家养老服务的经费资助。

2. 根据社区情况,及时提供反馈

街道和社区需要利用自身作为基层社会组织的优势,统计辖区内社区居家养老服务的情况,及时将老年人的需求信息、服务供给满意度等信息反馈到相关部门。例如,天津市设立了由街道老龄委、老年人协会、居委会等组成的居家养老服务监督小组,负责监督各项社区居家养老服务政策的落实,并及时将老年人的意见反馈到上一级部门。

3. 开展社区居家养老服务评估

为了推进社区居家养老服务的规范化,街道和社区需要组织专业人员对申请社区居家养老服务补贴的老年人的身体状况、财产状况等各方面进行评估,以便准确、有效地发放补贴。

4.为老年人提供适当的社区居家养老服务

街道和社区可以利用闲置的公共用房,在政府的主导下,开设社区居家养老服务中心,给辖区内的老年人提供临时照护场所和娱乐康复中心,同时调动辖区内下岗工人、待业青年等人员参与社区居家养老服务的积极性。例如,天津市某社区设立了社区居家养老服务站,站内设有日间照料室、医疗保健室、文化娱乐室、服务管理室、图书角、健身康复器材、彩电、冰箱、洗衣机、微波炉、沙发床等,为老年人的日常活动提供了基础设施。

5.引进专业的社区居家养老服务机构

街道和社区要积极调动民间组织的力量,开展多元化的社区居家养老服务。专业的社区居家养老服务机构在服务理念、管理模式、服务范围和监管模式等方面都具有优势,有助于推动整体社区居家养老服务品质的提高。因此,为规范社区居家养老服务,街道和社区应该引进专业的社区居家养老服务机构。

6.发展社区居家养老服务志愿者队伍

街道和社区要动员、组织和引导广大市民为有社区居家养老服务需求的老年人提供各种公益服务,发挥邻里互助的优势;同时,要对志愿者进行合理的配置与管理,结合街道或社区的实际情况,建立社区居家养老服务志愿者的激励机制,从而调动社会志愿者参与社区居家养老服务的积极性。

(三)第三层级——社区居家养老服务机构

社区居家养老服务机构是切实为老年人提供服务的主体,根据是否以营利为目的可以分为营利机构和非营利机构两类。社区居家养老服务机构提供服务的形式既可以是上门服务,也可以将老年人请到机构进行服务,即开展托老服务。营利机构通常由私人投资、管理和运行,如家政服务中心、老年食堂等;非营利机构不仅包括政府投资单位提供的服务,如老年大学、社区医院等,还包括慈善组织和志愿者组织等。

第四节　非营利组织参与社区居家养老服务的方式及意义

一、非营利组织的定义

非营利组织,又称"非政府组织""慈善组织""第三部门""民间组织",是独立于政府和市场之外的社会组织,具有志愿性的特点,可以为社会提供公共服务。在我国,非营利组织的定义相对较广,主要是指从事公益活动,不以营利为目的,满足支援性和公益性特点的组织。其中,只有在民政部门登记并注册成功的非营利组织才是被政府认证的、正式的组织,主要包括社会团体、基金会和民办非企业单位三大类别。社会团体有行业性、专业性、学术性和联合性四种类型;基金会有公募型和非公募型两种类型;民办非企业单位包括公立学校、公立医院、社会服务和福利机构等。

此外,在研究非营利组织参与社区居家养老服务的过程中,首先要介绍一种非营利组织的特殊类型——老年社会组织。这一组织主要以老年人为服务主体,由社区的老年人及为老年人提供服务的组织发起或依法自愿成立,按照规定好的章程开展社区居家养老服务。本节所讨论的均是以这一类型为研究对象的非营利性的社会组织,其可以分为非学术团体、同人组织、社区组织、社会服务组织和老年人互助组织这五种类型。非学术团体是指根据专业自愿组织的老年学术性组织,如中国(各省级)老龄科学研究中心、中国(各省级)老年学会等;同人组织是指根据共同经历、兴趣、爱好自发组织的社会组织,如老年合唱团、老年秧歌队等;社区组织是指在同一个社区的老年人自愿组织的自我管理、自我教育、自娱自乐的民间群众团体,如社区老年协会等;社会服务组织是指基于奉献精神而组成的、为社会提供公益和福利服务的组织,如起到维护社会治安、环境卫生、管理交通秩序等作用的各类老年人社会组织;老年人互助组织是指老年人为捍卫自身利益而自愿组成的互助性组织,如退休教师协会、退休医师协会等。

二、非营利组织参与社区居家养老服务的方式

随着社会的发展,非营利组织不断发展和壮大,其参与社区居家养老服务的方式也呈现出多样化的趋势。根据定义可知,非营利组织参与居家养

老服务是指非营利组织依法通过相应途径,并以直接或间接的方式,参与居家养老服务管理并提供相关服务。由此可以从直接和间接两个角度对非营利组织参与社区居家养老服务的方式展开讨论。

(一)间接参与社区居家养老服务

非营利组织中的老年社会组织可以通过参加听证会和相关会议等方式,间接地影响养老保障政策的制定与修改,监督社区居家养老服务中的政府行为,推动各项养老服务政策的贯彻落实。

(二)直接参与社区居家养老服务

非营利组织可以通过与政府合作承担服务项目的方式,直接参与社区居家养老服务,具体的流程为:首先,政府要根据老年人的需求制定社区居家养老服务项目方案;其次,政府要审核参与招标的非营利组织的资质;再次,在政府评审合格后双方签订合同;最后,非营利组织向政府提供养老服务项目,政府根据其完成的数量和质量支付费用。

在这种"政府承担、定向委托、合同管理"的模式下,政府与非营利组织的关系是合作伙伴关系,不存在直接的隶属关系。政府的主要作用是规划社区居家养老服务的发展方向,动员社会资源,给予一定的资金投资,制定优惠政策,吸引非营利组织参与社区居家养老服务。非营利组织与政府签订运作协议后,其在服务内容、服务价格、服务方式、考核指标体系、人事权和规章制度的制定等方面享有自主权,成为推动社区居家养老服务事业发展的最直接动力。

三、非营利组织参与社区居家养老服务的意义

由于政府在社区居家养老服务中发挥着主导作用,其具有服务模式从上到下逐级推动发展的特点,这就决定了政府在提供服务方面不够灵活。而非营利组织在社区居家养老服务中表现出较强的灵活性,这是尊重老年人个性化服务需求的体现,是完善我国社区居家养老服务体系的必然选择,是推动和谐社会建设的必由之路。具体而言,非营利组织参与社区居家养老服务的意义体现在以下四个方面。

(一)促进社区居家养老服务形式多样化

随着全球化时代的到来,人们的价值观趋于多样化,老年群体的需求也呈现出多样化的特点。非营利组织来源于民间,其特点是了解民间需求,了

解老年人的需求,能够根据不同老年群体的特点,提供个性化的服务,运作方式灵活。因此,非营利组织参与社区居家养老服务可以增加社区居家养老服务的服务项目,进而促进社区居家养老服务形式多样化发展。

(二)整合社会资本,减轻政府财政负担

非营利性组织在参与社区居家养老服务的过程中,可以帮助一些愿意开展养老服务的企业和个人将资金投入到社区居家养老服务中。这样做有利于整合社会资本,减轻政府财政压力,增加社区居家养老服务业的资金来源。

(三)推进社区居民互帮互助

非营利组织的工作人员来自社区,社区成员在为社区老年人服务时,这种互助精神会相互影响,从而增强社区的凝聚力,促进社区和谐氛围的形成,进一步推动社区居家养老服务体系的建立。从老年人的角度来看,他们的人际关系比较简单,以社会养老组织等非营利组织为载体展开各种活动,可以进一步拓展老年人的人际关系网,促进老年人相互了解、互帮互助,进而使老年人享受安详的晚年生活。

(四)有利于加强基层民主,加强与政府的沟通协调

大部分非营利组织产生于社区,应社区需求产生,其支持主要来自社区,是维护社区群众利益的一支重要队伍。非营利组织可以通过老年人座谈会、联席会议等形式,及时向政府传达老年人的需求、愿望、批评和建议。相对地,政府也可以通过非营利性组织向老年人传达处理意见,共同促进和谐社会的建设。由此可见,非营利组织参与社区居家养老服务有利于加强基层民主,加强与政府的沟通协调。

第八章 新时代"互联网+"居家养老体系建设

第一节 "互联网+"居家养老体系建设思路和原则

一、"互联网+"居家养老体系理念

我国老年群体基数大、基础差、情况杂,要保证各层次老年人养老各有所获,就必须以老年人的身心健康和利益为中心,坚持"政府主导、社会参与、全民关怀"的老龄工作方针,依托社区平台,整合各种资源,关注需求差异,突出个性特点,开展多元化服务,基于老年群体的现实问题与迫切需求,既满足重点照护对象的需求又重视不同层次老年人的需求,建立养老服务信息网络系统,完善居家养老服务站点建设,把市场化、专业化服务与家庭支持、邻里互助和志愿服务结合起来,不断提升养老服务水平。

(一)坚持法治理念

法律是各项政策措施落地的坚强保障。中国是一个法治国家,任何人或事都不能凌驾于法律之上,任何行为都要受到法律的控制和约束。随着互联网的普及、高居世界的"5∶1"或"4∶1"老年抚养比的到来、"421"的家庭结构变化、家庭道德伦理的退化恶变,养老问题不断加剧,老年人被虐待、受骗、参与碰瓷等情况时有发生,建立新型养老体系成为我们面临的重大问题,必须把依法治国、依法执政、依法治理、依法服务作为解决老龄问题的准绳,借鉴国外居家养老服务经验,强化全社会法治观念,加快居家养老立法,加强养老领域执法,以法律为准绳净化养老环境,保障老年人合法权益,才能建立更为完善的适应现代化发展要求的养老服务体系。

(二)坚持政府主导

纵观世界范围内推行社会福利制度的国家,都把提供社会福利纳入政府的职责范围。社会福利制度是一项国家性制度,只有政府才能依法推行;社会福利制度也是一项全民参与的制度,只有政府才能协调组织好各方面

的活动。从福利制度的发展历程来看,国家是福利制度实施和保障的主体,在社会福利制度建立和发展过程中一直处于主导地位。居家养老服务是社会老年福利制度的重要内容,尽管一些国家出现了社会组织和民间机构开展实施的社会老年人福利项目,但是归根结底无法跳出政府的授权、监督和扶持。老年人群体是国家和社会不可忽视的重要存在,保障老年人的社会福利既是维护国家社会稳定的需要,也是政府应当履行的基本责任,政府应当发挥主导作用,进行宏观调控、科学规划,不断完善居家养老服务体系,推进养老服务可持续发展。

(三)坚持社会参与

养老权是社会权的一种表现形式,具有社会性特征。实践表明,推进居家养老服务发展,离不开社会力量的参与。在我国"未富先老"的国情下,尤其如此。国家需要通过法律和政策引导,组织和调动一切社会积极力量,参与居家养老服务体系建设,把推进居家养老的权利、义务和责任分担到社会、家庭和个人,构建政府、社会、家庭和个人多方合作关系。家庭要明确其基础性地位,个人要做好自身应尽的责任和义务,社会力量在社会福利建设中扮演着重要角色,政府要加强对居家养老服务发展的指导和监督。只有各方积极参与,权利和义务明确,才能有序推进居家养老服务体系建设健康发展。

(四)坚持以人为本

尊老、敬老、爱老、孝老是中华民族的优良传统,为老、助老、惠老、怡老是中国建设全面小康社会的基本任务。从社会到家庭,从年轻时期创造社会价值到年老后成为弱势群体,老年人角色的转变使得他们理应得到社会的尊重与赡养。居家养老兼具家庭养老人情味、亲情化与机构养老规范化、专业化所长,因而备受老年人青睐。在进行"互联网+"居家养老服务体系建设中,必须坚持以人为本的理念,关注老年人作为养老服务接受者与为老服务参与者的双重需要,顾及老年人的感受和想法;服务方式与内容要兼顾中高收入群体与低收入、无收入群体尤其是农村老年人群体,以及已老群体与未老将老群体等各方的需求;服务项目要接受老年人和社会监督,根据居家养老的实际条件,避免出现简单拼床位、胡乱拍板、"面子工程"等现象,切实提高居家养老服务效能。

（五）坚持社区服务

目前社区养老大多是老年人日间在社区就餐休闲或吃住在社区,具有比拼床位的机构养老特性,并未对居家老年人提供上门助餐、助浴等系列服务,服务功能非常简单。居家养老服务满足了老年人居家生活的意愿,解决了机构养老高额花费与设施不足的困扰,但必须依托社区。许多发达国家秉持的社区养老为"社区内养老",主要是为居家老人提供服务,以"家庭责任第一""社会与国家责任为辅"为原则,增强社区功能;社区为老年人提供多元化服务的同时,还起着辖区老年人与政府机构沟通的桥梁作用,以此获得政策支持,促进居家养老服务工作。因此,无论是社区养老中心还是居家养老中心,只有秉持传统家庭养老"远亲不如近邻"的观念,遵循社区服务居家养老的大服务理念,才能实现可持续发展。

（六）坚持系统性与可操作性结合

"互联网＋"居家养老服务体系是一个内容完整、功能完善、具有纵向结构与横向结构的有机整体,具备逻辑性、层次性、结构性和关联性四个特性,可以满足社区老人群体的可操作性要求,是居家养老服务体系构建的关键环节,必须从系统性特征出发,针对老年人特点,在诸如享受人群、服务方式、是否收费、收费标准以及满意度调查和反馈等方面,提出实实在在的可行性措施,才能使居家养老实现良性循环。

根据中国老年科学研究中心王莉莉研究,居家养老服务体系建设应加强三大理念,营造可持续发展服务链。

一是服务供给上以需求为导向。政府、市场、企业或者社会组织等服务主体只有从服务对象的实际需求出发,从城乡老年人的承受力、接受度、发展度等出发去提供服务,最大限度地满足需求,确保发挥有效性和契合性,才能从根本上解决老年人的实际问题,提高居家老年人的生活质量。

二是服务输送上均等、灵活、多样。互联网时代,信息转瞬即变,服务输送过程中老年人主客观因素也可能千变万化,即使产品再好,输送过程如有问题,服务链终端的服务对象也会不满意。因此,应依据实际情况灵活调整运行方式。而且,凡是有需求的老年人都应获得平等的服务机会。不能因为城乡、区域的不均衡,使得有的老年人既无力购买居家养老服务,也不能享受政府所提供的免费养老服务。要进一步完善居家养老服务链,保障这部分老年人享受服务的权利。

三是服务利用上普及、购买服务。居家养老服务是薄利微利的服务,要使受经济条件限制和几千年传统观念影响的老年人接受低偿、有偿居家养老服务,唤起他们的消费,才能刺激养老服务市场的繁荣和发展,从根本上建立起完整的居家养老服务链。因此,要改变老年人传统的消费观念、提高购买服务意愿及能力,就需要不断加大宣传力度,增进老年人对养老服务社会化的认同,先在城市和发达地区的农村开展,由点及面、由浅入深,增强老年人群体购买服务的意识,进而增加老年人居家养老服务需求。

二、"互联网+"居家养老体系思路

随着互联网的迅猛发展,物联网、移动互联网技术等信息技术逐渐渗透进居家养老,广泛影响着居家养老各方面和各环节。把握"互联网+"内涵,拓展发展思维,树立居家养老服务体系建设的新思路,是适应新趋势的必然选择。

(一)以互联网思维为导向

目前,互联网被人们视为如同电力和道路一样重要的基础设施,伴随"互联网+"系列行动计划的实施,"互联网+"已成为一种新的社会形态,对各类社会资源进行优化配置和系统集成,互联网与传统衣食住行游等的对接碰撞,促进了传统行业的转型与升级,诞生了电子商务、互联网金融、在线旅游等新兴业态。居家养老基于更节约、更便捷的目的受到各国各界的认同,与互联网、云计算、大数据和物联网等融合,将互联网的技术、理念、思维、组织方式及较为开放、平等、互利的价值理念融汇于居家养老各个环节,必将对服务项目、老年人身体管理、医疗护理预约等整个服务链进行重新审视、整合优化、提高效能。因此,在居家养老服务体系建设中,一方面,要充分发挥互联网技术的广泛性,优化配置服务资源,改变服务的组织方式;另一方面,要以互联网技术为媒介,搭建服务供应者与老年人群体沟通的平台,通过互联网平台,发布老年人活动、医疗服务、讲座等事宜,方便老年人获取科学的养老知识、最新的政策新闻。鼓励企业以老年人为中心进行改革,建立"平等、互利、开放、共享"的商业服务平台,设计开发更多更好的适老、助老项目,为老年人提供更为舒适的服务。

(二)以创新驱动为支撑

长期以来,我国的人力资源红利高于人才资源红利,资源创新驱动力较弱,技术创新发展缓慢,对产业产品发展带来一定影响。当前,在我国资源组织方式由粗放型向集约型转变的关键时期,只有充分利用中国制造2025、"互联网+"的契机,依托云计算、大数据、物联网等信息技术,强化自我变革和自我创新,推动新的技术创新、服务创新和社会创新,才能在新一轮资源驱动方式改革中找到先机,赢得国际话语权。面对庞大的老年群体、薄弱的基础条件、落后的信息素养,需要建立长期的居家养老服务动力机制,明确居家养老服务参与主体互补机制,引导各主体参与创新。利用互联网促进创新资源与服务要素有机融合,加强主体之间的合作,突破各主体之间的壁垒,满足各方面的利益,达到技术与服务双重创新,推进居家养老服务体系的完善。"互联网+"时代,居家养老服务需要在互联网技术高速发展的前提下,加快养老服务供给方式的改革速度,依托现有的非营利组织、社区、市场化等居家养老服务组织模式,打造互联网居家养老服务平台,推进传统居家养老服务组织模式变革和创新。同时可以依托该平台,以创新驱动发展为支撑,构建集社区服务、老年社交、老年大学、精神慰藉和爱心志愿等为一体的综合性老年社交体系,促进居家养老服务的技术创新,从而实现以网络化带动信息流通、资源流动和人才流动,推进居家养老服务管理、效率、合作等不断优化升级,确保居家养老服务可持续发展。

(三)以跨界合作为基础

跨界融合是互联网时代的重要特征,通过跨界合作能使创新基础更加稳固,通过跨界融合能使群体职能充分实现。"互联网+"居家养老服务领域的跨界合作,就是以互联网为抓手,建立"参与+分担+共享"的多元化居家养老服务机制。根据福利多元主义理论,社会总福利是国家、市场、社区和民间社会四个部分提供的福利之和。为应对家庭结构变化、养老成本增加、养老负担加重,居家养老服务体系必须要政府、市场和社会组织等共同协作,才能从独立支撑的作坊式转向多元主体分担的联合共赢式。政府站在宏观角度,为居家养老服务发展提供政策指导,制定居家养老服务中长期发展规划和法律法规;作为营利性市场主体的企业,可以为居家养老提供多样化的服务项目;非政治性和灵活性特点兼具的非营利组织可以通过承接政府的居家养老服务项目,提高服务供给的针对性和效率;社区作为贴近老年人的自治基层组织,可以为老年人提供直接援助,协助政府进行政策宣传发动等。因此,在"互联网+"时代,居家养老服务体系建设应致力于国家、市场和社会、社区等主体间的分工协作,以消除养老服务供给过程中的空白与盲点,以趋更为完整、更为高效。

(四)以满足需求为目标

对人性的尊重和人的创造性发挥的重视是互联网力量强大的根源所在。互联网时代,更应以满足老年人的需要和意愿为中心,提供精准高效的居家养老服务。社会福利供给系统由福利供给内容、福利供给对象、福利供给主体以及福利供给方式这四个基本要素构成。因此,要建立供需匹配的养老服务体系,必须针对老年人由"消极供养"向"积极享老"转变的养老观念、服务项目多层次选择的意愿,从根本上入手。供给内容上,依托信息技术提供广泛而灵活的非紧急服务和紧急援助。要围绕老年人"居、食、行"等需求提供助护、助医、助修、助询、助洁、助食、助衣、助行、助乐、助学"十助"服务,为老年人提供全天候的监护供给对象,既做好高龄、独居、自理能力较弱老年人的安全和生活质量保障,还要辐射到所有有需求的老年群体,满足生活在社区,有稳定的养老保障基础,有知识、有文化、观念相对较新但家庭和自身能力不足的大多数老年人的需求。供给主体及方式上,要整合多元供给主体,形成以行政供给为基础,准市场供给、市场供给、志愿供给、自治供给等优势互补、互利合作的多元方式。整个供给链需要有健全的法规体系、评估机制,统筹养老服务补贴与医疗护理补贴的补贴制度,完善资金来源的渠道方式,加大资金保障力度,增强服务队伍的专业能力,促成多层次、广范围、高水平、多元参与的服务供给模式,满足老年人的精神与物质需求,提高老年人生活质量。

(五)以规范市场为宗旨

居家养老服务体系是以政府为主导,依托社区,运用市场和政策的引导调控,鼓励社会力量参与,面向全部老年人,给予基本生活照料、护理康复、情感关怀、紧急救援等设施、组织、人才和技术支持等,进而调控、规范、指导和监督,逐步形成政府引导与宏观管理、社会组织或企业自主经营的体系。居家养老服务体系建设的目的在于减轻传统家庭养老负担、盘活社会资源、带动就业创业、推进现代服务业发展,确保所有老年人都能老有所养、老有所助、老有所医、老有所乐、老有所安,享有有尊严、有质量的生活方式。因此,整个体系必须基于国家、社区、机构、个人四个层面进行规划建设,囊括体系框架、资金、设施和机构、人员的投入,明确牵头组织机构,协调各分管责任部门,制定相应的保障制度,做好技术支持,确保高效运转;要有得力的专业组织对政府的政策落实、资金使用情况进行监督,对服务机构、服务人员的服务质量进行评估,对申请服务补贴的老年人进行生活自理能力和经济收入的核定。

三、"互联网+"居家养老体系原则

(一)权利优先,先有后优

中国是典型的农业大国,人口基数大,二元结构突出,国力有限,在建立低水平、广覆盖、社会化、可持续的社会保障制度大原则下,要完善居家养老服务体系,就必须先尝试后推广,明确每位老年人享有获得养老服务的权利,然后在摸索中前进,根据试点探索情况进行总结推广,让制度不断完善,资源不断优化,在保障广大老年人群最基本、最直接、最急需的服务需求基础上,逐渐提高服务的质量和水平,提升服务效能。

(二)公平和效率相结合

公平是国家建立社会保障体系所追求的目标及基本原则。居家养老服务作为社会保障体系的必要补充,在促进经济发展、社会和谐的同时,社会的弱势群体能够共享经济发展成果是首要考虑的问题。政府基于责任和义务制定相关政策措施,通过社会再分配保障社会弱势群体基本生活,防止两极分化和社会矛盾激化。养老保障制度面前人人平等,任何人不能有超越法律和规则的特权,以公平为主的法定养老保障项目,要让每位老年人享有获得服务的公平机会,知晓有关保障制度、服务组织等信息。要确保程序公正,让经济收入状况不同的老年人的需求在政府所设计的养老服务保障制度中都有所获。当然,不能只讲公平不讲效率,在非法定的保障项目政策架构上,政府应更多考虑效率。在体系的建设中需通过自身优势组织各方,理清关系网络,加强监督管理,确保整个服务体系健康运行和高效运转,否则容易出现诸如部门间扯皮推诿、责不担、功先抢、赏罚不明等复杂混乱的局面,影响工作的开展,影响老年人参与的积极性。老年人本就敏感脆弱,服

务链上任一环错位、缺位、乱位都可能使服务工作陷入僵局,如工作衔接不当而影响服务供应的连续性,工作人员的服务水平影响老年人的积极性,服务执行力影响相关政策的效力。因此,只有建立良好的服务体系运作机制,实施科学的管理制度,才能确保提供的服务方便快捷、科学公正、合理有效。

(三)政府和市场相结合

根据福利国家的经验,养老产业发展一般经历三个阶段,即政府主导、政府与市场共同主导、市场主导这三个不同阶段,我国正处于最困难最纠结的第二阶段——政府与市场共同主导阶段。养老产业的微利性、缓慢性和公益性等特点决定了完全依赖政府与完全放手市场都不可能。政府在养老保障中要肩负公共责任,为公民提供最基本的社会养老金和基本养老服务,这是由养老保障的公共物品属性与行政权力的公共性决定的,也是政府职责的核心。市场能为老年人筹集更丰富的养老资金,提供多种多样的养老服务内容,弥补政府作用的不足。目前中国欠发达的农村、中等城市、发达城市三个板块差别很明显,同一板块内不同老年人的经济条件差异也很大。总体上,养老资源、资金、人力还较为短缺,体制、机制、政策还存在障碍,这就决定了单纯走政府路线不具备可持续性,单纯走公益路线不是独立的生存模式。要实现养老发展可持续,必须是人才可持续、发展模式可持续、自主经营可持续,因此,必须走政府和市场结合的道路,既充分发挥政府作用又发挥好市场作用。政府负责托底部分,加大监管的同时适度扩大范围,而政府不及之处则由市场发挥作用,否则,不能达到互补的效果。一旦政府行为出现失误,就可能产生缺位或是越位,而政府保障不准确也会削弱市场作用,影响市场效率的发挥,进而有损政府的公信力。

(四)国力和养老保障水平相结合

养老保障的基础是社会经济发展水平,养老保障发展受到社会经济发展水平的制约。制定有关社会保障项目特别是养老项目的规范及标准时,必须根据国情实际,结合经济、政治、社会、文化特征,逐步提高养老保障水平,任何超越国力之上的制度设计都可能使得养老保障空心化。就居家养老服务体系建设而言,超越或者滞后于社会经济发展水平的居家养老服务都是不健康的。如果居家养老服务水平高于社会经济发展水平,短期内虽然可以快速提高老年人生活质量,但从长远来看,政府财政负担快速增加,势必影响国民经济发展所需要的生产资金,最终将制约居家养老服务水平的提高;如果居家养老服务水平在当前社会经济发展水平之下,短时间内可以减轻国家负担,但从长远来看,无法满足老年人基本养老需求,一定程度上也会损害老年人权利,不利于社会稳定。目前,我国处于社会主义初级阶段,社会养老呈现两个状态,一是未富先老、老龄化严重、老年规模大;二是随着生活水平的提高,养老需求的升级,养老资源分配不均。因此,在制定居家养老服务政策时,要将国力和保障水平有机结合,既考虑基本国情和资源供给水平,又考虑老年人实际需求,维护老年人合法权益,避免出现政策失误造成的制度不可持续,促进社会保障持续健康发展。

(五)统一性与多样性相结合

法律法规的制定是一项复杂的、需要统筹兼顾的社会系统工程。法律的统一性是维护法律尊严的必要条件,是保证法律严肃性的重要标尺。《中华人民共和国老年人权益保障法》的修订及其他有关养老服务法律的制定都必须以《中华人民共和国宪法》为总章程,保持协调统一,避免不同级别立法产生矛盾或者同一级别立法产生重复的问题。"互联网+"居家养老涉及多个层面多个部门,实行统一领导,进行统一规划,制定统一政策,是确保公平公正、政策有效落地的必然选择,是各部门、各地区协调配合做好系统工作的必要保证。此外,各方面投入要在承受范围之内保证稳定性和持续性。

同时,因为我国存在地区差异、贫富差距,居家养老服务体系在坚持统一标准的前提下,在统一规范的基础上,必须考虑多元化、多样性,允许各地区适度灵活调整服务的方法和内容。只有服务方式多样化,才能满足不同层次的养老需求,让老年群体真正地安享晚年。首先,在既有的条件下,服务内容要尽可能全面,服务的供给方式要灵活多样,从基本生活照料、用餐服务、护理服务到娱乐服务,既为自理能力较差的老年人提供照料和关怀,又能让老人们享受到社区的帮助机会。老年人可以根据自己的需求选择不同的服务。其次,服务体系的建设方案需具备可行性、可操作性。要符合城乡或地区的经济条件、老年人心理特征、赡养人意愿,促使接受服务的老年人、政府部门、城乡居民及社会人士积极参与。特别是针对农村居家养老服务体系的构建,不但要考虑现在老年人的状况及其需求,还要考虑未来老年人的需求,尤其是农村养老观念和经济条件的逐步改变对居家养老服务需求的影响。目前我国各地进行的居家养老服务试点工作均在顺利开展,不同地区根据自身情况发展了各具特色的居家养老服务模式。但我国农村经济发展水平普遍较低,居民收入不高,社会保障制度不完善,困难老年人比例较大,开展农村居家养老服务必须考虑成本因素与农村经济发展水平相适应,不能不切实际地盲目开展和扩大,忽视服务供给的持续性。与城市居家养老服务相比,农村的居家养老服务应当在较低水平上开展,然后根据经济发展水平逐步调整和提高。在服务体系方案设计中,应有效利用农村自身的设施、人力、土地等资源条件,采用各种符合农村实际的方式方法灵活开展,在节约成本的基础上尽力满足老年人生活服务需求。

(六)权利和义务相结合

老年人有从国家和社会获得物质帮助的权利,有享受社会服务和社会优待的权利,有参与社会发展和共享发展成果的权利。养老受益权是公民的一项基本人权,也是一项法定权利,这项权利的实施成效直接影响到老年人其他权利的实现。从宏观层面讲,保障老年人的养老权是法律对国家和社会的责任,国家和社会有为老年人提供物质援助的义务,老年人有权分享国家和社会的发展成果。从微观层面来看,住房保障、生活照料、老年福利、养老金支付等措施,又是保障老年人养老权与相关经济权益的体现。老年人作为社会弱势群体,随着年龄增加与自理能力减弱,更加需要得到社会的照顾与关爱。家庭子女有对赡养的老年人定期支付赡养费的义务。国家和社会应当采取措施,健全保障老年人权益的各项制度,逐步改善保障老年人生活、健康、安全以及参与社会发展的条件,实现老有所养、老有所医、老有所乐。但权利与义务是统一的,首先这种统一性表现为不可分割性,也就是说既没有无义务的权利,也没有无权利的义务;其次权利和义务是相辅相成、相互促进的。在居家养老服务体系建设中,政府、社会、社区、家庭、子女等各方的权利与义务关系需要在法律法规中厘清,在全方位保障老年人权益的同时,也要明确老年人的义务,使老年人的行为受到法律约束。

第二节 "互联网+"居家养老标准体系建设

一、构建"互联网+"居家养老服务质量标准的重要性

(一)标准化是破解当前居家养老困境的抓手

启动阶段,由于各地政府认识和态度不一,资金筹措、投入无法确定;人员组成十分混乱,有临时招募的志愿者、居委会大妈、社区干部、个体工商户,也有临时实习生;场地或租或借用社区已废弃的非常偏僻简陋的办公用房或敬老院房子,规模格局十分混乱。运行阶段,居家养老作为一个专门针对老年人的重大福利项目,其公众了解度却非常低。即使有老年人有初步了解,消费意愿也不强,老人们宁愿花巨资去买保健品也不愿意低偿享受服务。有的服务中心按政策发给困难老人、高龄老人的智能手机,运营商撤走便形同虚设;许多服务中心只提供老人居住在中心的服务,不提供上门服务,助餐、助洁、助浴、助医等形同虚设,服务中心成为夏天避暑纳凉、冬天保暖抗冻、老人打麻将的聚集地,导致老年人的支持率和参与率低,有价值的居家养老服务项目丧失规模效应,形成恶性循环,居家养老服务点最后又萎缩为麻将馆、避暑点。当前,居家养老服务存在诸多问题,如有限资源的分配问题,服务项目的内容及重点问题,老年人中弱势群体和多数老年人的需求兼顾问题,政府财政补贴的标准与方式问题,采用市场机制的商业运作或政府主导的行政运作问题,无偿项目与有偿项目的确定及收费标准制定问题,相同项目对不同老年人群体的区别对待问题,中心管理者与员工配比问题,管理者与社区干部、社会工作人员、社区居民、项目执行者等主体间的权、责、利问题,等等。千人千法,各地各试点社区没有标准,各自行事,矛盾重重,举步维艰。评估阶段,政府如何判定、第三方机构如何确立、星级指标如何判定等等,各自为政,各行其是。诸多的行动主体,诸多的环节和选择,因为没有标准,导致冲突多,重复的弯路多,居家养老的有效推广与实施面临巨大困难。

因此,为克服居家养老服务工作中的障碍,需明确居家养老服务的内容,规范服务的标准,厘清居家养老运行过程中的现实问题,指导居家养老服务的开展与实施。只有健全居家养老服务质量标准体系,规范居家养老

产业的市场秩序,才能有效地提高居家养老服务质量,促进养老福利事业发展,提升老年人的幸福感,为解决中国养老问题提供支持。

(二)居家养老服务业标准化契合服务业标准化大趋势

服务是一种难以运用产品检验的形式进行控制和把握的特殊商品,因此,制定一系列服务标准,如质量标准、供给标准、服务人员标准,推进标准化管理,实现标准化运行,能有效规范服务行业的运作,提高服务行业质量,最终提升服务业企业的综合实力和竞争力。进入知识经济时代,标准和标准化已拓展到经济社会领域,不再只停留于工业化生产中,推进服务标准化已成为增强服务业市场竞争力的重要措施。养老服务标准体系是养老服务标准按其内在联系形成的科学的有机整体,它以服务通用基础标准体系为基础,以服务保障标准体系和服务提供标准体系为核心,以科学的服务业组织标准化结构为框架,建立和完善养老服务标准体系,可以促进标准组成达到完整有序,为监管提速、服务提质奠定良好基础。目前我国尚无完整的居家养老服务标准,各地都在积极探索建立适合本地区发展的养老标准体系。为有效应对我国人口老龄化带来的社会问题,规范社会化养老服务,实现养老产业"工作质量目标化、工作方法规范化、工作过程程序化",在我国建立一套完整的养老服务标准体系势在必行。凡是养老服务范围内需要协调统一的服务质量、服务管理、服务工作要求,都应该制定标准,并纳入养老服务标准体系;要以老年人为中心,建立我国养老服务的质量标准,规范居家养老服务市场,实现政府对居家养老服务市场的监控,最终达到切实保障老年人的生命安全和健康的目的。

(三)切实推进国家标准化战略

为适应科学发展、社会转型的更高要求,国家实施标准化战略,全面提升标准化发展的整体质量,积极参与国际标准化活动,为标准的发展提供政策支持,营造宽松环境。借助国家标准化建设的良好环境,各地积极探索制定居家养老服务标准,设立居家养老服务规范来指导本地区居家养老服务。

二、居家养老服务标准体系建设的原则与方法

(一)居家养老服务质量标准体系建设的原则

1. 目标性原则

以人为或人造与自然结合为基础,形成科学、先进的协调配套有机整

体,提升服务效能,是建立公共服务标准体系的目标。作为公共服务体系之一的居家养老服务质量标准建立,必须是养老服务系统中各要素或子系统的协调配合、有机衔接,绝不是任意数量标准的简单累加和随意堆砌,只有这样才能保障老年人权益,提升老年人居家满意度。所以,得准确分析居家养老服务主客体及环境,科学、合理界定居家养老服务标准的功能与目的,根据一定的逻辑关系有机整合,根据目标总体要求建立一定的依存和制约关系。

2. 协调性原则

标准化活动中的系统化是指系统整体的优化,整体组合要大于组成它的各个要素的总和。一整套居家养老服务标准是一定的规则组合而成的,实现标准之间的相互依存、相互制约、相互协调和相互补充的内在联系,促使有机整体的形成,要充分发挥标准系统的功能目标,获得良好的系统效应。在制定居家养老服务质量标准时,需统筹规划,力求协调,才能满足需求,稳定持续地发展,获得持续稳定的社会效益。

3. 规范性原则

居家养老服务质量标准体系是全国各街道社区、养老机构及千千万万老年人家庭可参照的指导性文件,为避免走弯路、走错路,造成人力、物力、财力的浪费,编写首先需要做到规范。

4. 可评性原则

居家养老服务质量标准体系要用户(老年人及其家庭)、管理方(政府街道社区)、执行方(各养老服务机构)用得上、看得懂、能操作,因此必须确保在应用中实现可评性原则,以评价和测量为导向,配合相应的评价机制和监督机制,由此来激发服务人员的竞争意识,增强其服务意识,提升服务水平。

5. 开放性原则

任何事物都是发展变化的。系统的开放性是指与外围环境中的物质、能量和信息可交换。居家养老服务质量标准体系是一个开放的信息系统,绝不是一成不变的,其在运行实践中会不断与消费主体及其环境进行信息交换,了解老年人的养老需求与期望,以及最新的国际养老趋势。当居家养老服务业自身或其所处的环境发生变化时,应针对个别实用性不强或者不合时宜的标准进行修订,确保标准中的条款具有较强的可操作性,以推动居家养老服务标准体系不断完善。

6.安全性原则

老年群体属于身体心理机能极度退化的群体,由于经济、身心等多种原因,对安全具有较高要求,所以对居家养老服务质量标准的制定要给予高度重视,通过规范服务人员的服务要求、操作步骤来保障养老服务的安全性,即人身、财产安全。

7.相对稳定性原则

公共服务标准体系建立的目的是为了使生产服务提供过程中的活动具有协调统一的秩序,并为公共服务的监督管理提供科学的依据。公共服务标准一经批准就开始发挥作用,在修订或废止前的一段时间内要保持稳定,不得随意变动。此期间,即使有许多重要的外界信息有理由要求调整公共服务标准内容,客观上也不容许,其原因在于:当公共服务系统自身在某一时空阶段内不断发生变化时,公共服务标准体系内部的稳定结构和最佳秩序将遭到破坏,必将影响到生产服务经营及管理,使公共服务原有的协调统一的最佳秩序不复存在,失去了公共服务标准化的目的和意义。由于客观环境一般不是剧变的,一套精心制定出来的公共服务标准体系总有一个基本的适用(时效)期,其前期可能觉得这套标准体系超前;其后期可能觉得它稍微有些落后,但在一定阶段(即适用期)内,公共服务标准体系相对而言应该是比较稳定的。从这个意义上说,研究建立公共服务标准体系必须充分了解公共服务发展现状和相关国际标准的制定情况,以科学发展的眼光编制出具有前瞻性、先进性以及一定弹性的标准体系,使之经得起环境干扰和变化的考验。

(二)居家养老服务标准体系构建方法

1.居家养老服务质量标准的特点

居家养老服务质量标准应当具有满足老年人需求的能力特质。一是时间性。时间性是指服务供给能否及时、准确地满足老年人。服务对象的特殊性决定了养老服务需求的急迫性,在服务请求提出后所等待的时间越短,呈现出效率越高,这种满足需求的有效性才强。所以,居家养老服务标准有明确的时间规定。二是舒适性。老年人在接受助老服务过程中感受到的舒适程度决定了对养老服务的满意度。三是功能性。功能性是指居家养老服务通过服务过程与结果所实现的效能和作用。居家养老服务标准要满足居家养老老年人在生活照料、医疗保健、心理慰藉等方面的功能化社会服务需求,提升质量效能。四是安全性。居家养老服务质量标准必须强调安全性,指标设计要有助于提升助老服务过程中保证老年人人身、财产安全的能力。五是文明性。服务人员提供服务要举止礼貌文明,满足老年人精神需求。六是公共性。居家养老服务旨在满足老年人需求,需要公平规范,有利于我国普惠型的养老体制。七是合法性。养老服务的提供必须符合相应的法律法规规定,最大限度地保障老年人的合法权益。

2. 居家养老服务质量标准的构建方法

(1) 分类方法

在一个内容全面的标准体系表里,将得出的标准体系表进行信息化处理,更有利于相关使用者查询标准、检查、监察标准体系的变化等动态工作。根据公共服务标准的结构,居家养老服务标准主要分为居家养老服务基础标准、居家养老服务支持标准、居家养老服务通用标准和居家养老服务专业标准。

(2) 过程方法

在形式上,过程方法分析标准体系更贴近组织的实际经营管理活动;在内容上,能够灵活地适应组织因环境的变动进行动态调整,也便于组织对标准体系本身的系统管理。依据居家养老的特点,服务过程标准采取过程方法构建相应的标准体系,此过程分为主要过程、支持过程和改进过程。提供居家养老服务各过程的要素是互相联系、互相影响、互相制约的,应用过程方法分析居家养老服务标准体系,需基于市场经济条件下养老服务组织经营管理活动的共同特点,研究经营管理活动的基本过程,然后从标准与标准化概念的内涵出发,分析居家养老服务过程中的标准化对象,以及参与过程活动的途径、步骤、程序、方法、资源、条件等因素,再进行归纳总结以提炼出具体的居家养老服务过程标准,以此建立居家养老服务标准体系框架。

3. 设计方法

居家养老服务质量标准的构建,应在设计方法上注重科学性、系统性、有效性,以推进标准体系的全面建立和不断完善。

一是在标准的规划上要注重系统思维与问题意识的统一。居家养老服务质量标准的建构是一项系统工程,具有综合性、结构性和配套性。在特定时代的经济社会条件下,居家养老服务质量标准需要系统的思维和宽广的视野来设计和推动。同时,居家养老服务质量标准要以问题为导向,强化服务质量标准设计中的薄弱环节,确保解决居家养老服务中最突出的问题。

二是在标准的设计上要注重阶段性和连续性的统一。居家养老服务质量标准的建立是公共服务标准化的变革与完善,需要有长期目标和总体规划。伴随经济社会发展和技术条件的更新换代,标准的设计是阶段性和连续性相统一的过程,必须在长期目标和总体规划下设立短期目标和短期安排。

三是在标准的推动上要注重自上而下和自下而上两种途径的结合。标准的建立和实施需要政府发挥主导作用,自上而下的推进是构建居家养老服务质量标准的直接动力,同时应将老年群体的呼声和诉求作为标准设立的根本尺度,充分发挥自下而上和自上而下两种动力机制的作用。

第三节 "互联网+"居家养老平台系统建设

一、"互联网+"居家养老服务系统要素功能

(一)要素内涵

"互联网+"居家养老要素,主要指"互联网+"居家养老服务系统中具备完整性、独立性、功能性,又相互联系、相互作用的各组成部分,包括供养者、资源、技术工具和设施等。要确保系统正常运行并发挥作用,必须有实现机制、动力机制以及保障机制的共同作用。在各要素中,供养者是实现机制,资源是动力机制,技术工具和设施是保障机制。

1. 资源

这里的资源主要指资金,是"互联网+"居家养老系统构建、运营提供经济基础的所有资金之和,用 Z 表示。提供资源的主体包括家庭、个人、社会成员、社会组织、企业、政府等,提供的具体内容包括老年人养老金收入、子女薪资收入、政府财政补贴、社会捐助、企业投资等。不管资金的形式是什么,只要是用于养老服务的,均可称之为资源。

2. 供养者

供养者指系统中发挥养老功能的所有服务人员的总称,包括老年生活照料员、心理咨询员、医疗护理员、智能技术员等,用 G 表示。供养者为老年人提供服务,需要具备一定的专业技术,具有一定的资质和职业素养,有良好的职业道德和基本职业伦理,有爱心、耐心、细心、诚心。同时,供养者在满足老年人衣、食、住、行、乐等需求过程中,要不断提高职业能力,实现自我价值。

在"互联网+"居家养老系统中,子女由于血缘亲情关系承担着老年人赡养义务,能够为老年人提供一定的照顾,因此,子女也属于供养者。居家养老服务中心为老年人提供生活照料、医疗保健、精神慰藉等服务,其工作人员、社区医院护理人员以及智能化技术处理的技术员等,均属于供养者。

3. 技术工具

技术工具是指辅助养老服务功能发挥的各种先进工具与技术的总和,用 T 表示。在互联网背景下,技术与工具作为不可分割的整体,发挥着相辅相成、事半功倍的功效。技术工具是实现养老服务的硬件基础,制约着养老功能服务发挥的广度与深度。技术的运用需要匹配相应的工具,需要匹配通信技术、养老服务信息平台、物联网设备等。

在"互联网+"居家养老系统中,技术工具因功能不同而不同,比如"医"功能的发挥需要医疗技术工具辅助;"食"功能的发挥需要烹饪技术和烹饪工具辅助;"住"功能的发挥需要呼叫器、烟雾报警器等工具辅助;"行"功能的发挥需要通信技术、通信设备、出行工具进行辅助;"乐"功能的发挥需要文化娱乐工具辅助;"发展"功能的发挥需要多媒体技术工具辅助。

4. 设施

设施是指服务于养老服务而建立的建筑、机构和组织,用 S 表示。虚拟养老院中,设施也是不可或缺的要素。完善的养老服务设施目的在于为养老活动提供空间和场所,社区需要构建"医疗、文体、教育和服务"四位一体的养老设施体系,为有效发挥养老服务功能提供有力支撑。养老设施是一个总的概念,不同养老功能对应不同设施。例如,发挥医养功能就需要卫生院、医院、医务室等场所和设备辅助;发挥饮食功能就需要饮食场所、餐饮设施、烹饪设施辅助;发挥居住功能就需要家庭住所、社区床位等辅助;发挥出行功能就需要扶手、轮椅、网约车、防滑地板等设施进行辅助;发挥文化娱乐功能就需要公园、老年活动室等设施辅助;发展教育功能就需要老年大学、教育场所、桌椅等设施辅助。

(二)各要素相互作用

资源、供养者、技术工具、设施是构建养老模式的四大要素,通过排列组合,各要素交互作用可以得到多种养老模式,比如资源和供养者交互作用、资源和技术工具交互作用、资源和设施交互作用、供养者和技术工具交互作用、供养者和设施交互作用、技术工具和设施交互作用等等。

1. 资源与供养者的交互作用

资源和供养者交互作用,资源通过待遇来招募与稳定供养者队伍,通过构建绩效工资机制来提高供养者的服务质量与效率;供养者为追求个人利益最大化包括更高的工资待遇,会不断提高职业技能;供养者有提高工资待遇的诉求,这样有利于提高资源的供给幅度。资源与供养者相互作用过程中,资源是动力基础,供养者是功能的实现者,资源的指向结果是为了功能的发挥,供养者的指向结果是为了保证功能的实现,二者在功能实现中指向结果一致,彼此不可替代。所以,资源与供养者交互作用确保了供养者符合条件,为形成养老模式功能做好准备。

2. 资源与技术工具的交互作用

资源采购与安装成本为获得和使用技术工具提供了经济支持,资源量决定技术工具的数量和先进程度,所以,资源处于支持者地位,技术工具处于被支持者地位;随着技术工具的折旧,需要资源对其进行维护与更新,此时技术工具充当支配者,资源充当被支配者。技术工具与资源交互作用,保证了技术工具的存在,为养老模式功能的发挥提供工具支持和技术指导。由此可知,资源与技术工具交互作用形成养老模式功能发挥的技术工具基础,是技术工具结构和内容完善的重要保证。

3. 资源与设施的交互作用

设施需要资源作支撑,资源能够促进设施的发展。促进其内容与结构不断完善,在这个过程中设施扮演经济支撑角色,提供动力基础;设施在获得主体身份后,会不断要求资源提供更多的内容促进设施的发展,资源成为被支配者角色,为设施提供服务。资源与设施交互作用,能够有效扩充设施的种类与内容。由此可见,资源与设施交互作用形成养老模式功能发挥所需的设施,是设施结构与内容完善的重要保证。

4. 供养者与技术工具的交互作用

供养者能够发挥主观能动性,掌握技术工具的使用方法,提高服务技能和服务水平;供养者提高自身学习能力是技术工具存在的内在要求,有利于发挥技术工具的作用;技术工具能提高供养者发现问题、解决问题的能力,为供养者提供养老服务的有力手段;供养者由于工作原因要求使用更加先进的技术工具,由此促进技术工具不断更新。因此,供养者与技术工具交互作用有利于提高供养者技能水平,增加技术工具种类,培养高素质供养者队伍,最大限度地发挥养老模式功能。

5. 供养者与设施的交互作用

设施载体为发挥供养者作用提供了良好的服务场所,供养者利用设施为老年人提供养老服务,对发挥供养者功能起辅助作用;设施对供养者有相关要求,不同设施内容需要不同类型的供养者,供养者结构受设施内容的影响。同时,供养者需要不断学习来提高对设施的认知水平,掌握更多设施使用技能。供养者与设施相互作用,为养老功能发挥提供条件。由此可见,供养者与设施交互作用的结果是:供养者利用养老设施为老年人提供服务,不同种类和内容的设施需要不同的供养者。

6. 技术工具与设施的交互作用

技术工具能够为设施的完善提供技术支撑,对设施的先进程度和质量水平起着决定性作用;设施建构过程中涉及的技术工具必须按照设施的需要进行挑选,技术工具必须与设施功能相匹配;技术工具在促进设施完善的过程中,对设施功能的发挥起着制约作用。由此可见,技术工具与设施交互作用形成养老模式发挥作用的硬件基础,技术工具为设施提供技术支撑,有利于设施的完善和发展。

7. 资源、供养者、技术工具的交互作用

资源和成本共同承担供养者和技术工具的资金投入;供养者根据主观需要,要求资源购买更先进的技术工具,成本却需要供养者提高自身的技能水平,供养者处于主体地位,资源处于客体地位,技术工具则是手段;技术工具要求供养者通过参加学习和培训来掌握先进技术,要求资源对技术工具进行维护与更新,技术工具处于主导地位,资源和供养者处于被支配地位。供养者和技术工具相互作用有利于培养高素质的供养者队伍,同时引入资源,有利于持续提高供养者素质、促进技术工具革新,是二者深入发展的动力基础。

8. 资源、供养者、设施的交互作用

资源为供养者和设施提供经济基础,只有资源存在之后,才会有供养者与设施的存在;供养者通过资源来完善设施,供养者不仅能够直接提供养老服务,而且在养老模式建构过程中扮演着辅助角色;设施决定资源的提供量,对供养者的种类也有影响。资源和供养者相互作用过程中,引入设施,使资源提供和供养者的服务内容更具针对性,供养者技能水平更加高超,资源的使用更加高效;资源与设施相互作用过程中,引入供养者,让资源和设施均能发挥作用,有利于养老模式功能的激活;供养者与设施相互作用过程中,引入资源,解除供养者和设施发展的后顾之忧,促进供养者素质提高,使设施更加契合老年人养老需求。

9. 资源、技术工具、设施的交互作用

技术工具与设施在资源的作用下,为养老模式功能发挥提供硬件基础,二者发挥作用的指向一致,在硬件形成方面有着不可替代的作用:技术工具与设施在组合过程中,不断对资源提出要求;在资源与技术工具相互作用过程中,引入设施,就可以将技术工具很好地应用到设施上;在资源与设施相互作用过程中,引入技术工具,可进一步充实设施的内容;技术工具与设施相互作用过程中,引入资源,可以促进技术工具与设施由想法变成实践。

10. 供养者、技术工具、设施的交互作用

供养者利用技术工具使设施更加完善,同时使技术工具与设施相结合,为有需要的老年人提供养老服务;供养者把自己的主观意志作用于技术工具和设施,影响技术工具、设施的内容与使用方式;技术工具和设施要求供养者素质较高,能够很好地掌握技术工具和设施的使用。供养者与技术工具相互作用时,引入设施,有利于供养者完善养老服务手段,也有利于设施完善内容;供养者与设施相互作用时,引入技术工具,可让供养者掌握更加先进的技术手段,并且不断改进设施,提高供养者的业务水平;技术工具与设施相互作用时,引入供养者,则让技术工具与设施的功能得到发挥,供养

者与技术工具和设施相互作用,会把自己的主观意志作用在技术工具与设施上。

二、"互联网+"居家养老平台系统设计

(一)核心设计思路

1. 构建"数网云"整合的大网络

居家养老要走出狭小、封闭、碎片的空间,必须充分依托互联网、移动互联网、物联网,建立大数据、云平台等资源融合的大网络。基于互联网的开放、平等、兼容性、创新、扩散、即时,将用户端进行延伸和扩展,通过射频识别(RFID)、红外感应器、全球定位系统、激光扫描器等信息传感设备,将物体与互联网相连,进行通信和信息交换,实现对物体的智能化识别、定位、跟踪、监控和管理。运用物联网技术和网络视频技术,实现对老年人安全即时监控,社区服务即时提供,子女即时感知,在满足老年人日常生活和精神需求的同时,可大大减轻子女负担。

云计算通过物联网、互联网连接和利用各种硬件及软件资源,对共享的服务器、网络、存储、应用与服务等计算资源提供便捷的网络访问。其核心内容是实现网络资源共享及信息数据整合,以较低成本来处理并分析海量数据,帮助企业做出更加明智的决策。云计算的核心技术是自动化,在无须用户、服务提供者介入的情况下,可以自行服务方式对资源使用请求做出反应。目前,我国面临老龄化严重、养老难等一系列问题,将云计算引入居家养老模式中,实现资源智能化配置,提供一体化居家养老服务,可以有效降低养老服务成本。

这样,在居家养老服务建设中,在互联网的信息联通功能基础上,通过物联网将居家养老信息流和物流联通互融,运用移动互联网推进其空间拓展和运用普及,促居家养老需求与社区服务、社会服务供给联通,超越了居家的狭小,能彰显小社区大社会的本质。充分发挥网络的集成和优化作用,能有效提升养老服务与管理的效能。

2. 构建政府主导"三社"联动的大社区

社区是平台,社会组织是载体,社会工作人才是队伍,在政府主导下"三社"联动推进大社区管理,才能将养老服务与其他社会服务融合推进。

一是政府牵头建立养老服务网或家政服务网整合各类资源。由于我国

居家养老服务处于起步期,各地有偿或低偿养老服务消费明显不足,老年人因为恐惧网络诈骗不愿上网,更不敢通过网络购买养老服务,因此推进网络养老服务更是艰难,必须由政府牵头,才能有效推动。可以借鉴上海的做法,各省区市建立养老服务网,或者由商务、民政部门联合建立家政服务网,或者延展各省区市智慧城市建设功能,建立智慧社区网下的智能居家养老服务中心,整合社区老年人信息基础档案、医疗档案、社会机构服务资源。以智能居家养老服务中心为例,中心采用大框架设计,对接老年人及家庭服务需求,对接助老、助医等社会机构的服务,对接政府有关部门的质量评估监管,将物业、家政、医疗、餐饮以及养老连锁等相关企业纳入深度合作的服务主体及各类服务资源的供给者,统一申请相关优惠政策,让服务评价机制、加盟认证机制与政府优惠政策相结合,实现虚拟补贴与服务成本补助相结合。政府相关部门对中心服务质量进行监督管理,同时通过大数据分析为政府决策提供支持。

二是政府牵头组织完善信息档案管理系统。社区要开展居家养老服务,需要建立养老服务资源信息库,充分挖掘、整合、利用各类基础设施及可用资源,特别是人力资源社会工作者要开展居家养老服务,需要通过社区福利服务类社会组织进入社区。社区要接受各级政府委派或组织第三方机构对进入社区的各类社会工作者进行评估和培育培养,也需要建立信息档案。尤其是要建立居家养老志愿者信息档案,用于志愿者首次注册、志愿者服务信息的收集、记载、保存、查询以及志愿者服务证明等,便于根据志愿者情况及服务对象,合理安排志愿者资源,提高服务的针对性。社区是政府多级信息采集和填报的基础,同时社区必须依靠政府的影响及公信力才能采集到数据。以政府牵头建立完善信息档案管理系统,不仅有利于科学、高效、完整地采集各类信息资源,而且有利于统一调度合理配置资源,使老年人信息以及医疗健康、精神慰藉等服务和养老机构管理系统之间实现共享,还可以防止信息资源被不良公司滥用,保护信息安全。

三是充分发挥社区代表政府和社会机构及居家老年人的整合牵头作用。目前,我国各类政策资源和社会资源均要通过社区网格发挥作用。社区一头连着老年人家庭,一头连着各种社会资源,推进居家养老服务应该充分发挥大社区的优势,借助互联网加强养老服务需求与供给信息资料库建设,内联区域内各老年人的实时需求,外引驻区单位资源、志愿者服务以及机构照料技术。政府充分发挥社区作为机构与家庭的桥梁纽带作用,从标准规范、政策扶持、监管保障几个方面入手,鼓励康复机构、护理机构、医疗机构等进入社区,构建多元化合作平台,既为机构提供高质量居家养老服务搭建平台,又促进社区健全管理网络、服务网络,实现机构与社区双赢。

(二)系统平台功能设计

1. 服务平台

从满足老年人居家养老服务需求出发,服务平台侧重于从居家生活、医养健康、社交娱乐、精神慰藉、安全服务等不同维度入手,为老年人提供便捷、贴心的服务。老年人通过一键呼叫或使用服务卡,就能自主选择合适的资源和服务,并通过反馈机制进行服务评价,从而享受到愉快的居家养老生活。其模块设计如下:

(1)生活服务模块

生活服务包括生活照料服务、精神慰藉服务等。生活照料服务主要包括配送、起居、保洁、维修等服务,是一种让服务人员到家里满足老年人生活需要的居家养老服务方式。其中,配送服务主要是整合附近供水商家、餐饮商家、副食品店等,根据老年人饮食等生活习惯,为有需要的老年人提供更多选择;起居服务主要协助老年人日常起居,比如洗澡与穿脱衣服等;保洁服务主要指为家庭全面保洁,比如擦玻璃、清洗炊具等;维修服务旨在解决老年人维修家具、电器、管道等问题;精神慰藉服务主要包括陪同聊天、陪同散步、心理疏导。服务人员每周去老年人家中2~3次,了解他们的生活,陪他们聊天,分享社区里的新鲜事;也可以根据老年人需求,提供清晨陪练、餐后陪同散步等服务。针对有心理疾病的老年人,服务人员还可以为其在线预约心理专家,提供专业化的心理辅导服务。

用户可以根据需要,通过平台预订服务,平台根据用户需求筛选服务商并告知用户服务费用,服务商接到派单后安排工作人员上门服务,服务结束后用户当场结算服务费用,并可向平台反馈服务情况,如发生服务纠纷,由平台负责妥善解决。

(2)寻医问药服务模块

寻医问药模块整合社区医院、医疗专家等优质医疗资源,为老年人提供

"私人医生"式医疗照护服务。用户可自主选择医疗专家,专家定期对老年人进行线上或者面对面会诊,解决看病难的问题。模块整合周边药店资源,为老年人提供药品代购和送药上门服务,还可利用社区医院场地,组织专业护理人员培训,开展健康知识讲座。

用户可以通过家里的监测设备定时进行健康自检,系统直接将数据传输至老年人电子健康档案,老年人的家人、被授权的工作人员及社区医生可以查看及调用。医生通过对比、分析、评估提出建议,一旦数据出现异常,将向用户及其家人做出提醒,保证用户及时就医、及时接受干预。

(3) 居家安防服务模块

① 入侵报警等装置

设备安装于门窗上,同时在居室内及门口安装视频监控设备。若发生强行开门窗等意外,系统通过平台自动报警并同时通知报案等相关工作,工作人员收到警报后迅速赶到现场进行查看和处置。通过联动响应机制,报警信息、响应信息、处理结果储存于系统中,根据授权,家人及工作人员可调取监控录像。

② 烟雾火警探测器

如果房间内出现烟雾火警,烟雾传感器可探测并发出预警,如果有行动方便的人在家,可一键拨通呼叫中心电话,呼叫中心接通后明确用户地址,迅速转接119火警;如果无人响应,系统则自动将预警短信发至呼叫中心及老年人子女,呼叫中心根据用户档案迅速找出报警用户具体位置,并转接119火警。夜间无人值守时,呼叫中心自动接转119火警。

③ 水、天然气监测异常报警

如果因燃气操作不当而引发燃气泄漏,未关闭厨房或卫生间水龙头发生自来水外溢等,安装在厨房里、水龙头附近的传感器会发出警报,如果家中有行动方便的成员,则可主动进行处理或拨通救助电话;如果无人响应,系统则将警报信息发送给平台,平台安排维修人员迅速赶到现场进行处置,避免发生危险。

(4) 社区公告模块

社区公告平台发布社区实时资讯,让老年人足不出户便知社区事,平台也会及时更新物业通知,发布物业信息,比如缴纳物业费、水电费通知;发布办事指南、办理相关手续所需材料以及流程,避免老年人因不了解情况而受到困扰。平台还会展示社区近期活动,以及社区老年风采。老年人也可以通过平台实现一键呼叫物业、进行问题咨询等。

(5)社交功能模块

通过在线视频对话、实时语音交流以及非实时的文字留言方式等,用户与用户之间、用户与家庭成员之间、用户与工作人员或志愿者之间实现互通。当家人无时间作陪,老年人可以一键联系社区志愿者,通过语音或视频方式进行交流;可以与其他用户进行在线小游戏、在线观看养生视频等。

2. 运营平台

平台主要通过加盟服务商来共同操作。一般情况下,服务商主要包括家政服务商、家电维修服务商、电脑维修服务商、快递服务商、搬家服务商、理发服务商、开锁服务商,而且会随着需求变化而不断增加。政府通常对平台实行统一管理,实现资源共享、优化配置,使居家养老服务通过互联网真正产生化学反应,保证老年人及时、方便地享受到全方位服务。

(1)派工管理模块

该模块包含工作分派、待处理工单、历史派工记录等。居家养老服务中心按照老年人的服务需求,选择加盟服务商,服务商接到派工通知后进行确认,安排工作人员提供服务;服务商完成服务后,向中心反馈服务情况。该模块还提供历史派工记录查询,有助于了解所需服务信息。

(2)结算统计模块

该模块包含服务费用结算、服务券结算查询、服务券使用查询。根据实际派工记录自动生成结算表,可以按照服务商、服务项目、服务时间等来查询结算金额,同时还可完成服务券使用率查询、结算经费查询以及服务商服务人次查询。运用信息化手段,可以分析补贴券使用金额和效率、补贴券与现金使用比例、服务需求量与满意度以及各区域为老服务状况,为政府决策提供科学依据。如果样本量足够大,还能够建立数学模型对养老情况进行深化研究。

(3)服务监督模块

该模块主要负责老年人投诉的受理、记录,并派发给相应服务商或街道(社区)进行处理,包括投诉记录、投诉派发、监督回访、服务分级情况等,可以实现对未处理、处理中、已处理的投诉进行检索,对投诉记录进行统计并生成投诉记录表。依据政府对服务商制定的评估规则,该模块可实现服务商的自动分级管理。政府可按照一定比例筛选服务商或服务对象,通过电话等方式进行跟踪回访。

第四节 "互联网+"居家养老队伍建设

一、构建医养融合型队伍

(一)完善相关法律保障和配套措施

1. 完善医养结合法律法规

根据大健康理念,医、养、护不能截然分开,医需养、护支持,养、护需医主导,彼此相互独立又相互统一,需要共同发展。而传统医疗保险中的护理服务往往由医院或家政、养老机构提供,并未达到预期的护理效果。这就需要加强医养护的对接统一,科学界定医疗和护理界限,合理有针对性地提供各阶段的服务,保障医疗阶段结束后能有对应有效的护理照料服务。

2. 探索建立符合国情的长期护理保险

一是建立健全我国长期护理保险和相关配套措施的制度保障。要基于国情和经济社会发展,保证保险覆盖的全面性、公平性和可持续性。年老作为人生规律具有普遍性,保障老年人的晚年健康和尊严生活是建设新时代中国特色社会主义的必然要求。我国人口基数大,老年人口总量多、增长速度快,老年人自身及其家庭经济承担力十分有限,福利国家政府负担的长期护理保险模式不符合我国国情,但建立覆盖全民、保障公平、"老有所养"、"老有所医"、"老有所享"的独立于医疗保险体系的长期护理保险体系,既可以缓解公共财政压力,又可以解决家庭功能退化的矛盾,还可以扩大就业创业,推动现代服务业发展,其带动经济发展的潜力不容小觑。

二是探索建立商业长期护理保险。虽然近年我国经济发展速度已由高速转向中高速,但其稳定发展的势头在国际上一致看好。可以选择从利润率高、工资水平高、品质稳定的行业入手,有序发展企业职工团体险。有计划有步骤地开展市场调研,深入分析市场需求,利用大数据设置科学的赔付机制和索赔条件,加强保险公司与政府的合作,通过移动互联网、手机微信、广播电视、公益广告等各类媒体持续开展公众健康安全风险的普及教育和宣传,增强公众的健康财富积累意识。对于试点目标、主要任务、保障范围、参保范围、资金筹集、待遇支付、基金管理、服务管理、经办管理等进行经验积累,注意筹资来源和缴费比例、护理对象的界定、护理等级的划分及待遇支付的标准、各类纠纷的法律裁定,为进一步完善制度奠定实践基础。

三是预防为主,健全队伍。养老队伍含家庭亲友、左邻右舍、社区医生、干部保安及服务人员,涉及医疗康复、心理疏导、法律维权等各类专业知识人员。为有效应对"5∶1"或"4∶1"的养老形势,需大力营造健康养老护理人人关注关心的浓厚氛围,建立完善社区为老适老设施,鼓励倡导老年人爱护身体、健康生活,提高老年人自我防护和社交能力,加强失能、半失能老年人预防保健,避免出现长期护理行为。加快医养结合队伍专业人才培养,建立激励措施,鼓励更多爱心人士提高医养水平,加入护理队伍。

(二)完善医养划分标准和服务内容

1. 制定医养划分的标准

综合借鉴国外发达地区居家护理服务和机构护理服务的先进经验,科学划分"医"(医疗)、"养"(照料)界限,明确将主要需要医护人员提供专业化医疗服务者界定为"医"(医疗护理),将主要需要长期生活照顾和基本医疗服务照顾者界定为"养"(照料、照顾),以便明确资金来源、待遇支付标准及形式、服务供给方责任。这种清晰划分对于发展医养结合服务,整合医养护资源,界定服务范围及确定支付标准都有重要意义。

居家养老服务中的医养结合一般可分为日间照料和上门服务。日间照料主要提供生活照顾、家政服务、预防保健、心理咨询、健康检查、健康档案的建立等基本照料,可界定为照料范畴。上门服务除以上基本生活照料外,还需对患病者建立家庭病床、康复护理、临终关怀等偏重医疗性质的照料服务。居家养老服务中的医养结合可依据不同的服务项目,设定多层级不同的支付标准,根据标准按月限额支付,明确主要以服务支付为主。目前,机构服务中的医养结合主要分为养老机构和医疗机构相结合提供服务和社区医院辐射养老机构提供服务两类。首先需明确这类医养结合机构中"医"和"养"的衔接点,以此作为划分服务的关键,对于急性突发症状、需接受手术治疗、需医生密切观察病情走向、病情反复不稳定等需要医护人员提供专业化医疗服务者,需纳入医疗范畴,由医疗保险给付,对于慢性病患者、经过治疗病情稳定需要接受定期简单护理的大病恢复期患者、癌症晚期、残疾、失能、失智等老年人,则可以采用分级诊疗、双向转诊等模式,将其转移到与医院相结合有专业养护功能的护理机构和养老机构,让其接受带有护理性质的照料服务,在对其提供基本生活照顾的同时,施以专业团队的医护照顾,并纳入照料范畴,由医保基金和医养结合的基金按比例共同承担,或由护理保险基金承担。这是实现医疗护理和照料服务相结合的关键环节。通过社区医院辐射养老机构提供的服务,主要包括定期上门检查、诊疗、康复护理及心理咨询等服务,对急、危、重病人进行院前急救与转诊,为老年人建立健康档案,推进"小病在社区、大病去医院"的分级诊疗制度,将此纳入基本照料服务范畴,由具备一定资质的社区全科医生负责。但目前该方式在我国刚起步,相关文件仅属指导范畴,具体实施规定尚不明确;人员队伍素质与设施设备均需长期建设,短期效果尚不明显。

2. 扩展服务内容

完善的医养结合服务是融预防、保健、医疗、护理为一体的医养结合服务链,是整合未病与生病、康复护理与基本医疗帮扶的全服务链。目前我国医养结合服务刚刚起步,多在一些高档养老机构试行,且内容单一,缺乏系统性、标准化。为建立可持续的健康产业服务链,首先需要加强预防性保健措施的供给,建立健全公立医院社区服务咨询机制,定期派遣医院医护人员到养老院、社区医院、居家养老服务机构,定期为老年人进行简单体检、康复及保健咨询、常见病诊疗,预防老年病的发病,降低其失能失智风险;其次要推进服务内容有效拓展,大力推进家庭医生队伍建设,稳定推进家庭医生签约制,建立家庭病床,增加医生上门诊断服务,加强社区适老化建设和康复保健设施建设,对居家老年人提供福利设施的租借和房屋改修方面的支持,借鉴德国、日本等国先进经验,加强护理志愿者队伍建设,使之成为医养结合服务接受者和服务提供者沟通的桥梁等。积极发展中医药特色养老机构,大力推进中医药与养老服务结合,鼓励新建以中医健康为主的护理养老院,在有条件的养老机构开设中医诊室,开展融合中医特色健康管理的老年人养生保健、医疗、康复、护理服务。结合社区开展居家服务的中医药健康管理,为老年人建立健康档案,提供健康检查、康复护理、保健咨询等服务。

二、培养需求者科学养老素养

(一)加强老年人媒介素养培养

1. 开展形式多样的老年大学信息化教育

必须进行老年大学信息化教育改革。一方面,要鼓励经费充足的老年大学积极开设社区学习网站,通过网络开展老年教育、宣传老年教育的重要性,通过网络视频课程点播等特色板块推进跨越时空的网络教学与交流;加大老年人自制教学视频的指导与激励,推进老年人知识经验视频上传网站,实现借鉴共享;建立网络虚拟社区,为老年交友和娱乐提供平台,让老年朋友真正接触世界,与世界互连互通。另一方面,鼓励支持各职业院校牵手社区,开办社区老年大学,开发老年课程,开展老年教育;推进大学生进社区扶助老年人,对老年人信息化教育实行一对一帮扶。对于资金缺乏的老年大学,可建立政府、企业、非营利社会机构共同资助的机制,实行联办、合办等混合办学形式,帮助其完成信息化建设,迎接新媒体教学时代的到来。

2. 积极开发扶老助老适老型信息化产品

由于老年人听力、视力、记忆力及身体协调性均会随着年龄增长而自然下降衰退,针对老年人使用的系列电子产品,如手机等,需要根据其特点进行优化、完善。一方面,可扩展自然化交互方式应用领域。研究老年人使用产品的自然化交互方式,如将针对互联网的"瞳孔"输入方式应用到其他新媒体设备上,让老年人能轻松自如地控制新媒体设备的界面和功能,这将极大地方便老年人提高生活质量;将移动电话与互联网技术结合,让老年人通过语音识别控制移动终端和互联网终端,把自己生活中所遇到的问题随时拍摄并上传微信、微博,让在线帮助者即时反馈,便可更自然方便地解决其生活中遇到的疑难问题。另一方面,要针对空巢老人、孤寡老年人研发解决其心理灰色问题的通信产品。如研发简单易控的智能机器人,融入基本的康复养生技能及中国文化元素,让老年人一用就会,并能与机器进行简单的会话及交流;让老年人通过具有虚拟情感的机器,对机器说出不能轻易对当事人说出的话,向晚辈或亲朋提出建议、发出问候漂流瓶等,让机器自动予以人性化回馈,提升新媒体智能通信系统情感感知能力,帮助老年人缓解心理压力、寻找感情释放出口、转移注意力;还可开发智能机器人或互联网远程人人交流功能,让空巢老年人能与外地子女实现跨越时空的现场交流,创选出儿女就在身边的仿真效果;或开发数字音乐治疗功能,将传感器接入数字音乐终端设备,让智能产品与网络互通互联,老年人能方便地在线获取不同类型的数字音乐,达到听觉、触觉等全方位多层次的体验效果,在终端实现对音乐的理想性数字化重构,实现由表及里、由身及心地释放压力、排解忧郁情绪,从而提高生活质量。

(二)有机嵌入法治素养、公民素养引导

1. 引导老年人正向的群体融合力

如今媒体不断报道老年人公交车上占位、广场舞扰民、公路上碰瓷等为老不端的负面信息,直接引发社会对老年人的质疑。其实,从心理学角度来看,这是老年人对自己不断被忽略轻视而寻找社会关注的一种方式,因此需要多方引导。首先,从舆论关怀策略上,借鉴西方发达国家的称谓,将其视为具有一定独立性、自主性的"有经验的成熟群体",通过社区、广播电视、公交站牌、广场公益宣传栏等对其进行新思想、新趋势宣传介绍,引导其了解并掌握新事物、新媒体,淡化被社会遗忘的失落,重新树立自信。其次,通过公益广告大力宣传老年人参与社区服务、义务活动典型,弘扬老当益壮、仁爱智义美德,对违反公共道德、触犯法律底线的案例进行宣传教育,树立正确的老年人道德观。再次,加强社区老年人娱乐活动的组织,引导老年人选择正确时段、正确地点开展娱乐,提高老年人参与社会活动的主动性、积极性和正确性,加大对社区孤寡独居及经济贫困老年人的关爱,积极开展爱心企业或个人一对一捐助捐赠活动,提高困难老年人信心和能力。

2. 持续实施信息扶老工程

随着社会经济文化的快速发展及人们物质精神生活质量的明显提高,中国老年人使用互联网等新媒体的意识不断增强,社会各界提供的助老上网工程应运而生,在助力老年人融入社会、提升自我方面起到了较好的引导作用。但迄今为止,在许多中小城市特别是偏远地区,政府与媒体对老年人介入新媒体持观望态度,将互联网浪潮视为年轻人专属,认为老年人不应过多参与新兴活动、不应介入新媒体这个属于年轻人的圈子,许多老年人被屏蔽在数字鸿沟、新媒体浪潮之外,没有机会参与新时代新媒介社会,所遭遇的问题也无法通过新媒体解决。因此,应积极宣传和提倡老年人接触新事物、介入新媒体,积极报道新媒体为老年人解决具体实际问题的真实案例,持续完善老年上网公益扶助政策,鼓励老年人学习新媒体、应用新媒体,尽快融入高科技和新媒体环境,营造老年人积极融入新媒体、运用新媒体的良好社会氛围。要通过建立小众化个性老年网,鼓励老年搜索、老年手机等完善推广,通过对象化、个性化的传播形式提供满足不同类型老年人需求的新媒体产品与服务,提升老年人学习新知识、接触新媒体的福祉。

3. 健全覆盖各层级的助老养老机制

养老分为生存性养老和生活性养老两种形式,前者为初级形式,后者为高级形式。老年福祉分为物质福祉、精神福祉和健康福祉三类。无论怎样划分,对于中国式养老而言,物质和健康属于第一位,精神生活属于第二位。应根据区域差距、城乡差距、收入差距的不同,建立健全不同的助老养老机制。对于城乡贫困老年人或大病致贫老年人,要督促子女加强赡养,增加政府津贴补贴,让其养老有温饱感,并通过信息扶贫让其学会上网求助和法律咨询,保障自身权利;大多数中低收入水平的老年人,包括独居的健康老年人,目前正处于生存性养老向生活性养老的过渡期,要引导他们多参与公益性养老扶老活动,提升自我健康养老能力和意识,实现健康老龄化和积极老龄化目标。对于少数经济富裕型老年人,要积极引导其学习应用老年人专用电脑、老年人网上交流群、老年版电子邮箱等与终身教育和终身进取理念相关的内容,参与远程老年教育系统学习,通过网络传播健康养老思想,改善身体机能和健康水平,为社会、为他人、为自己发挥余热。

第五节 "互联网+"居家养老监管体系建设

一、明确组织体系及责任

(一)居家养老服务组织体系

养老服务体系的组织者、管理者、监督者和推动者是政府,组织层次为中央政府—地方政府—街道、社区—机构—老年人。

政府的推动和引导是居家养老服务管理体系建设的初始动力,贯穿于启动、规划、组织等各环节与全部过程。政府要建立有力、高效的领导机构——养老工作委员会,形成以养老工作委员会为主导、多方参与、社区执行的服务管理体系。

居家养老服务组织体系承担着法治保障、政策支持、体制完善等职责。在法治保障方面,要完善法律法规,明确养老服务的法律地位,搭建老年人利益诉求通道,从行政、法律等方面为老年人养老提供支持和保护。在政策支持方面,要制定强有力的政策激励措施,鼓励支持各类组织、企业和个人从事养老服务,吸纳更多社会捐助进入养老服务领域。在体制构建方面,一方面要加强福利养老、政府购买服务等方面的建设;另一方面要大力培育发展居家养老服务社会组织和养老服务志愿者,加快推进社区养老服务产业化、社会化。

(二)居家养老服务规划体系

第一,在居家养老服务体系建设规划方面,国家应当高度重视,专门制定养老服务体系,建设发展中长期规划,把建设养老服务体系纳入国民经济和社会发展规划、基本公共服务均等化行动计划中,纳入政府激励考核指标体系,全方位发展养老服务事业。

第二,在居家养老服务体系资金规划方面,要建立完善多渠道的资金投入机制,特别是政府要从制度层面保障居家养老服务的资金需求,形成固定的财政投入比例和增长机制,通过补贴形式,为困难老年人购买服务,逐步缓解日益迫切的老年人养老服务需求和养老资源严重不足的矛盾。

第三,在居家养老服务基础设施建设和机构建设规划方面,可以分成两个板块:一是专业养老服务机构规划,应以敬老院、综合性福利院、老年护理院、老年公寓等为突破口,提供入住托养、照料、康复、精神慰藉、临终关怀等专业化服务,同时具备培训、示范等功能;二是服务设施规划,可以根据服务半径与人口规模,规划建设社区卫生中心、日间服务中心、老年就餐点、老年活动室等各类老龄照料设施,为老年人提供就近低廉的照料服务和文体活动场所。

第四,在居家养老服务人员培训规划方面,作为养老服务职业培训业务主管单位的养老服务工作办,应该理顺养老服务职业培训准入体制,允许企业在工商行政部门注册经营养老服务职业培训机构,使养老服务职业培训走向市场化、商业化。

(三)居家养老服务的运行体系

首先是居家养老服务的制度保障问题,政府应当从财政补贴、医疗保障和老年长期护理保险等几方面入手,用制度来保障养老服务体系运行。

其次是居家养老服务运行模式,居家养老服务协调工作理应由养老工作委员会负责,督促相关职能部门明确职责,分项规划,加强协调,通力配合,从多方面对居家养老服务工作提供支持。政府需要把推进公共服务的内容,以项目方式交给街道、社区居委会或民间组织来运作,形成政府职能部门、社区和民间组织之间有效衔接的机制。社区一方面接受政府委托,向社会各界发布居家养老服务信息,快速建立和实施服务机构设施等级管理制度,加强各类服务项目的规范化运作和管理;另一方面连接社区的众多老年人,在服务机构、服务人员与老年服务对象之间架起沟通的桥梁,有效保障居家养老服务质量和供求对接。

最后是建立完善居家养老服务技术支撑体系,要制定统一的养老服务内容、程序和质量标准,搭建居家养老服务网络,建立社区老年人服务智能化信息系统、医疗保健服务体系以及健康档案,完善服务对象身体健康状况和经济支付能力评估标准体系。

(四)居家养老服务监控体系

第一,建立完善居家养老服务监督评估机制。探索加强第三方评估,聘请中介组织或专业机构对居家养老服务扶持政策贯彻落实情况、政府和社会各界投入居家养老服务资金的使用效果进行全方位监督。

第二,建立完善服务对象评估办法。建立科学的评估体系和机制,对申请服务性补贴的老年人生活自理能力和经济收入等进行准确评估,确保养老服务公平公正。

第三,建立完善进入退出机制。实行居家养老服务机构、服务人员准入制度,严格落实养老服务人员持证上岗制度,加强居家养老服务质量监督,对优秀的服务机构进行表彰和奖励,对不达标机构实施严谨、规范的淘汰机制。

第四,加快建立运行评估制度。针对老年人居家养老服务建立规范的反馈系统,定期开展评估,以此对居家养老服务机制、服务体系、政策法规等进行动态调整。

二、建立居家养老服务质量评估体系

(一)评估主体

评估主体是指从事居家养老服务质量评估的组织和个人,在居家养老服务质量评估中发挥重要作用。评估主体的理念、拥有的评估经验与技术、参与评估的态度、职业伦理道德等,都会对居家养老服务质量评估产生重要影响,在开展居家养老服务质量评估时,必须审慎地选择适当的评估主体。

1. 服务购买者:政府主管部门

政府主管部门作为居家养老服务的购买者,对居家养老服务质量进行评估,主要目的是确保所购买的服务"物有所值"甚至"物超所值"。同时,作为政策的制定者和施行者,政府主管部门易与同服务提供者和服务对象接触,对居家养老服务的运作相对熟悉,其参与评估能够快速进入状态,从而降低评估成本。

2. 服务使用者:服务对象

作为服务的体验者,服务使用者对服务种类与数量、服务人员的态度和工作方式方法有切身感受,是最有权利对服务质量进行评判和打分的群体。此外,养老服务对象一般都是社会弱势群体,缺少话语权,让他们参与居家养老服务质量评估,表达看法和意见,既是对他们的关怀,也是社会公平和进步的表现。

3. 服务研究者:专家学者

所谓专家学者,是指对居家养老服务有深入研究和理论造诣的人。他们参与评估,可以促进理论与实践的有效对接,既能加深人们对理论的认知,又有助于用理论解决实践中的一些难题,还可以加强对实践经验的总结,进一步推动居家养老发展。同时,作为第三方,专家学者参与质量评估,更能保证评估的公正客观性。

4. 服务提供者:服务机构

将服务机构作为评估主体之一,一方面是为了保证评估的公正性,因为居家养老服务质量评估中,有很多指标是针对服务提供机构的,可以进行直接回应,保证评估的客观真实。另一方面,服务提供机构长期接触服务对象,对服务环境十分熟悉,通过参加评估,可以加强对服务的认知,更准确地明白服务对象的真实需求,快速着手提供应对机制,不仅有利于降低评估成本,还能通过评估及时改善服务质量,提高服务满意度。

服务形成阶段和服务输送阶段,是政府购买居家养老服务的过程评估阶段,政府主管部门是主要评估主体,其他评估主体是从属评估主体。服务接受阶段,是政府购买居家养老服务的效果评估阶段,服务对象是主要评估主体,其他评估主体是从属评估主体。全部评估需由政府主管部门牵头,由政府主管部门向社会公布最终评估结果。

(二)评估指标

1.服务形成阶段质量评估指标

服务形成环节,反映服务质量的方面主要涉及政府主管部门、服务机构及服务对象。因而,此阶段将服务形成作为一级指标,服务机构、政府参与和服务对象参与为二级指标。

服务机构的设施条件是服务提供和服务质量保证的前提,也是评估服务机构的重点。设施包括硬件设施和软件设施,因而在服务机构下设置2个三级指标。硬件设施主要包括场地面积、服务覆盖率、人员年龄结构与数量、服务种类与数量、档案建立与管理,因而硬件设施下设置5个四级指标。软件设施方面,借鉴我国台湾地区相关指标,将安全性、可近性作为四级指标,同时考虑到让服务对象便利地享受到养老服务应该成为服务提供机构的软实力,借鉴宁波市的指标设计,将服务人员的才能、技术及经验纳入四级指标体系,因此软件设施下包括3个四级指标。

养老服务推行的有效保证是政府主管部门的积极参与,不仅体现在政策支持上,还体现在资金支持上,借鉴宁波市的指标设置,在政府参与下设契约签订、财政投入2个三级指标。契约签订包括制定政策、颁布标准、与服务机构签订合同等,设置2个四级指标。

服务对象的需求表达是服务业的发展趋势,也是欧美发达国家非常流行的做法。借鉴欧美国家的服务理念,将服务需求、服务需求表达畅通分别列为三级和四级指标。

2.服务输送阶段质量评估指标

服务输送过程中,反映服务质量的方面主要涉及服务提供机构、服务一线员工以及服务对象等。把服务输送作为一级指标,包括服务员工、服务机构、服务对象及家属3个二级指标。需要说明的是,当前我国地方政府在居家养老服务管理监督与质量评估时,对服务输送阶段的指标设计基本处于缺失状态。因此,服务输送阶段的指标设计主要是借鉴专家和学者在这方面的研究。

3. 服务接受阶段质量评估指标

服务接受阶段,反映服务质量的方面主要涉及服务使用者、服务机构及政府主管部门。所以,将服务接受作为一级指标,下设服务对象、服务机构、政府主管部门3个二级指标。

通过享受养老服务,服务对象对服务有着直观感受,每一个服务周期养老服务是否达到服务对象的预期,投诉率高或者低,能否定期了解服务对象的需求,服务对象都有发言权。参考宁波市的群众满意度和广州市服务质量指标的设计思路,在服务对象下设置满意度指标,在满意度下设置投诉率和定期了解服务对象需求2个指标。

服务机构输送养老服务后,对服务使用者的回应性程度,在保证质量前提下的成本情况,服务使用者接受服务后的状况改善情况,以及服务所带来的效应持续性问题,都是服务接受阶段需要考虑的问题。所以,在服务机构下设回应性、效率、效能、持久性4个指标。

随着服务的结束,所有符合条件的老年人是否都能享受到应有的养老服务,就成了政府需要关心的问题,这也是一个关乎服务质量的问题。所以,公平性成为政府主管部门下的一个指标,意指所有达到要求的老年人都能享受到应有的服务。

第九章　新时代"医养结合"养老体系建设

第一节　"医养结合"养老模式的概念

一、"医养结合"养老模式的概念

"医养结合"养老服务模式是对养老服务模式的延伸,是在人口老龄化加剧的新时期,人们对养老服务内容之间关系的重新思考,是一种新型养老模式。"医养结合"是指将医疗卫生资源与养老服务资源相结合,实现社会资源最优化配置。其中,"医"具体包括健康咨询、健康检查、疾病诊治和护理、大病康复服务以及临终关怀等医疗服务;"养"主要包括生活照护、精神心理引导、文化活动等服务。利用"医养结合"的发展模式,将医疗、康复、养生以及养老集中为一体,主要是把老年人健康医疗服务放在首要位置,使养老机构和医疗机构的功能相结合,形成生活照料与医疗康复融为一体的新型养老服务模式。

"医养结合"养老模式是指由具有专业医疗、护理资质的医疗养老结合机构为老年人提供医疗照护服务和日常生活照料,使高龄、患病、失能和半失能老人能够在一个固定的机构内享受"一站式服务",甚至临终关怀,满足其多种养老需求并给予其多重护理保障,形成一个既不同于医院,又不同于养老院,兼顾两者优势的统一的新功能体系。简单来说,"医养结合"就是一种未病疗养、有病治病、病后护理,医疗和养老相结合的机构养老模式。"医养结合"可以视为"整合照护"的一个分支概念。

二、"医养结合"养老模式的运行基础

(一)制度保障:国家政策的推动

政策是改革"助推器","医养结合"运行发展也得力于国家政策的推动,营造了一个好的宏观发展环境。"医养结合"继续发展,还需政府全方位持续支持。

国务院从2013年制定《关于加快发展养老服务业的若干意见》始,到2019年制定《国家积极应对人口老龄化中长期规划》,其间,发改委、卫健委(原卫计委)、民政部等政府部门密集出台了许多与"医养结合"相关的鼓励引导政策,"医养结合"稳步推进,老龄服务日渐完善,逐渐将"医养结合"模式融入国家的养老发展战略,纳入健康中国的建设规划,作为我国积极应对老龄化、解决老龄问题的一项重要的创新之举。

(二)经济基础:国家财政的支持

养老服务具有准公共产品属性,为了促进社会公平,保障基本民生服务,供给和管理必须由政府主导,不能放任市场自行运转。我国"医养结合"模式推行落实的资金主要由政府筹集。

政府重视发展民生,2019年,我国社保卡持有率为91.5%,医疗保险稳固保持在95%以上的水平,2020年后养老保险基本实现全覆盖。我国关于养老事业的公共支出预算不断增加,"十三五"以来,每年持续投入养老服务资金达50多亿元。同时根据国务院办公厅《医疗卫生领域中央与地方财政事权和支出责任划分改革方案》(以下简称《方案》)规定,"老年健康服务""医养结合"等都纳入基本公共卫生服务的范畴,实行央地分档、共同负担的改革措施,其中新疆、陕西、四川、西藏等12个省(自治区),央地按照8:2比例分担;黑龙江、江西、海南等10省,央地按6:4比例划分承担;津、苏、浙、粤4省市以及大连、青岛、宁波、厦门、深圳5个城市,央地按照3:7比例承担;京沪2市,中央和地方按1:9比例承担,明确了各级政府资金责任,提供了稳定的资金供给保障。《方案》同时要求各个省份也要继续完善自身内部的财政分担体制,做到省内各地区的优先分配和公平分配,对贫困落后的地区政府要加大财政支持、重点扶持,促进养老服务的全国均等化供给。

(三)动力支撑:国家医改的契机

"医养结合"新模式和传统旧模式的最大不同点在于突出了"医"部分的补充,这是吸引点的同时也是需要改进的突破点和困难点,国家继续深化对医疗卫生体制的改革,为"医养结合"的推进提供了动力支撑和发展契机。也有不少学者和政府人员提出"医养结合关键在医改"。

2009年,我国开启新一轮的医药卫生体制改革,继续加大保险的覆盖范围,完善以社区为基础的医疗服务,整合不同层级的医疗机构,发展特色中医药等,继续推动完善我国的医疗保障制度,这也为我国"医养结合"养老模式的发展提供了契机。同时,我国持续进行着医药卫生体制的"放管服"改革以及与"医养结合"相关的改革;2017年11月,原卫生计生委发布通知,养老机构内设医疗机构,取消行政审批,只需行政备案,特别为"养中有医"医养模式的发展降低了门槛;2018年6月,卫健委发布文件,对于医疗机构和医师实行电子注册、简化申请要求、优化科目登记、规范营利机构命名的措施,创造性推动"放管服"改革;2019年3月,卫健委在医疗服务改善方案计划中的系列举措,比如预约诊疗、远程医疗、分级诊疗、完善老龄人护理服务制度等内容,同样为"医养结合"的发展提供了多方面的契机;2019年5月,老龄司等部门发布通知,宣传指导医养机构的办理事项,规定简化养老机构增设不同级别医疗机构的程序,明确支持不同性质医疗机构发展养老服务,鼓励社会新建医养机构,放宽标准的同时加强过程监管,营造"医养结合"良好的落实推广环境。

三、"医养结合"养老服务体系的服务内容及形式

(一)"医养结合"养老服务体系的服务内容

"医养结合"养老服务体系的服务内容即"医养结合"的服务项目。"医养结合"养老服务内容广泛,包括以下三个方面:一是基本的生活护理服务;二是医疗救治、健康咨询、健康检查、大病康复以及临终关怀等医疗保健服务;三是精神慰藉、心理安慰、老年文化娱乐等精神文化服务。"医养结合"养老服务内容更强调对老年人的健康管理。因此,"医养结合"养老模式的服务内容在着重提供医疗护理服务的同时,强调健康管理对减少老年人陷入失能、半失能状态的重要性。通过探讨老年医疗及护理家庭化、社区化和机构化的全面发展,引导医疗资源对自理老人的早期预防和早期干预,这比仅仅对失能老人的疾病治疗更有意义,也能更好地减少医疗费用支出和提高人口的健康素质,真正做到健康老龄化。

此外,在完善和丰富服务内容的同时,还应有一套行之有效的标准去衡量服务的质量,包括"医疗"和"养老"各自的入院病情准入条件、出入院流程及服务标准、患者住院风险评估分析工具、患者会诊及转诊流程、分级护理服务标准、临终关怀服务内容及服务标准、医疗和养老转换标准等。

(二)"医养结合"养老服务体系的服务形式

"医养结合"养老服务的服务形式即"医养结合"的服务方式。目前国内比较常见的"医养结合"的运行模式主要包括五种,即并设模式、增设模式、协议服务、医养结合进社区和家庭、候鸟式医养结合,此外,还包括大型社区服务项目、专业化特色项目以及智能化、信息化项目等形式。

1. 并设模式

(1)定义

并设模式就是医疗机构内设养老机构,也就是鼓励原有医疗卫生机构开展养老服务。现有的医院、社区医疗服务中心,只要有条件就可以开办养老服务。这种模式医疗资源较为充足,除了收住常规高龄、患病老人外,还应以收住需要全面护理的半失能、失能老人为主,并可按老年人常见病、多发病进行功能区域划分,如建立失智老人中心、压疮治疗中心、临终关怀中心等。医疗机构转型为医养结合型机构,能够较为精准地为老年患者提供长期医疗、护理等服务,应更加完善所需的基建设施和器械装备,并加强医务人员及专业护工的培训,以形成专业化、标准化的医养结合型机构。

(2)机制

有条件的医疗机构可设置一定数量的养老床位,作为单独一个科室,配置一定的医护人员,当然还要有一定的老年护理人员。养老床位可以分为高端、中端和一般床位,并分别收费。医疗服务费用应根据每一位入住老人的情况进行评估,对于达到住院条件的应该按照住院费用报销标准纳入医保。

(3)优势

并设模式可完全解决医养结合问题,医护人员可以共享,医疗设备可以共享,医疗保险也可以共享,特别是在医疗管理和健康管理方面没有任何障碍。

2. 增设模式

(1)定义

增设模式是原有的养老机构可增设医疗机构或申办医疗服务资质,是鼓励现有的养老院内设医疗机构,或者和有关医院或社区卫生服务中心联动以获得医疗资质的模式。

(2)机制

此种模式更多关注的是"养"的设计,"养"是主体,依托自己机构增开的医疗资源,或者收购原来的医疗机构对养老社区进行辐射和支持,实现"养医结合"。通常将社区卫生服务人员或中小型医院服务人员纳入养老机构服务团队,增设以卫生护理为主、生活照料为辅的养老床位;可通过提供医疗服务、协议定点保障等方式,增强养老机构的医疗保障能力。有些养老机构甚至增设老年人健康咨询、就医应急等医疗服务,以保证养老机构内的老年人能够及时得到医疗救助,满足老年人不同的医疗护理服务需求。

(3)优势

增设模式在养老机构开设老年病医院、专科医院、护理医院、康复医院等专业医疗机构,可以彻底解决医养结合问题,同时可以利用增设的医疗机构培养养老院的护理队伍,提高养老院的护理水平。

3. 协议服务

(1)定义

协议服务即养老机构与医疗机构之间进行合作,建立"双向转诊"机制,由综合性医院或专科医院向养老机构提供医疗服务,为老年人进行医疗检查和诊治,养老机构为医院的老年人提供康复期或稳定期的护理服务。

(2)机制

当养老机构中入住的老年人突发疾病或患大病时,可第一时间到协议医院得到专业的救治,并且免除了排队和床位等待等冗杂事项;养老机构可担当医疗机构的病房职能,即当老人在医疗机构进行治疗并稳定病情后,可直接转至养老机构进行康复和护理。医疗机构的医师和护士可到养老机构对患病老人进行复查和护理,免去老人奔波之苦的同时也提高了医疗机构的病床使用率,缓解了医疗资源的紧张。

养老院自行建立信息预警平台,并和当地社区卫生院合作,依托于卫生院自有的急救体系,在收到老年人预警信号3分钟之内救护车就能到达养老院,确保有急救需求的老年人15分钟内就能到达最近的三级甲等医院。同时,鉴于很多老人出于对自己熟悉的大型医疗机构的信任,习惯于去市区的三级甲等医院就诊,可以为入住老年人提供陪医的服务。每周提供一些定点的班车,由服务团队陪同老年人去指定的医院进行就医,也会请特定的专家进行上门服务。

（3）优势

医养协作联盟的形成实现了养老机构与医疗资源的整合和共享，优势互补，建立预约就诊绿色通道和高效有序的双向转诊机制等服务，最大限度地提高了医院床位的周转率和养老床位的利用率。养老院建在社区服务中心附近，社区卫生服务中心可以定期上门巡诊，遇到紧急情况社区服务中心也能及时处理，及时转诊。这种模式也是国家特别鼓励的。

4."医养结合"进社区和家庭

（1）定义

针对采用传统家庭养老和社区居家养老方式的老年人由基层医疗机构提供家庭医生上门服务，形成以"居家/社区养老，居家/社区养老＋家庭病床"为模式的医养结合的社会养老服务方式。

（2）机制

对居住在社区（日托）的老年人进行建档，同时进行健康风险评估，根据风险情况采用干预方法或与保险制度结合。对居住在家庭（家庭病床）的老年人也是在建档的基础上进行健康风险评估，根据风险情况采用干预方法或与保险制度结合。

家庭医生服务模式借鉴先进的健康管理理念，以家庭医生服务团队为核心，在充分告知、自愿签约、自由选择、规范服务的原则下与家庭签订协议，为老年人提供主动、连续、综合的健康责任制管理服务。家庭医生养老模式的运行需要坚持政府主导、多部门参与的原则，政府要充分发挥其主导和监督管理作用，建立严格的家庭医生资格准入制度，建立和完善家庭医生服务规范和服务流程，建立健全家庭医生服务监督管理机制，完善家庭医生服务的工资制度和医疗保险制。

（3）优势

该模式可依靠社区卫生服务网络，通过推行家庭医生模式，为社区老年人提供上门服务，特别是可以采取健康风险评估，对老年人的医保制度采用"跟人不跟机构"的方法。

5.候鸟式医养结合

（1）定义

根据老人身体的具体情况和我国辽阔的地域特点（各个地域气候的差

异),使老年人选择性地居住在不同地区,并得到医疗和疗养性质的服务。

(2)机制

该模式的重点是良好的机制。如一个老人夏天去哈尔滨,冬天去三亚,春秋居住在昆明,当地提供的老人公寓或医养结合公寓要有良好的居住环境,同时医保要能够跨省结算。

(3)优势

该模式依靠当地医院和社区卫生服务网络,可为候鸟式社区老人提供上门服务;同时老人还能享受当地良好的环境和气候,对疾病和健康都有好处。

6. 大型社区服务项目

从目前市场投资的热点来看,大型、高端、综合性、兼具持续照顾性的老龄服务项目依然是市场投资的热点。如上海的泰康之家养老社区,按照入住群体的年龄、身体状况,将社区划分为独立生活、协助生活、专业护理、记忆障碍等不同功能的居住单元,为不同老年人提供养老服务;上海星堡中环养老社区借鉴美国养老社区经验建立的"持续照料退休社区"(CCRC),可为入住老年人提供从自理到协助护理、全护理、临终关怀护理各个阶段的服务。另外,北京太申祥和山庄、北京和熹会养老公寓、无锡九如城养老综合体等,都是这类综合型的大型老龄服务机构/社区。

7. 专业化特色项目

顺应市场需求,一些小型、专业、连锁化的老龄服务机构也开始成为新的发展方向。如北京的寸草春晖养老院作为一家专门针对失能、半失能老年人的专业养老护理机构,通常开设在市内老年人较多的社区,床位仅有100张,由于满足了老年人的刚性需求和不愿离家太远的心理特点,取得了很好的社会效益和经济效益。

另外,一些为老年人提供专业护理的专业化、连锁化护理院,也是目前市场上需求较大、发展较好的行业代表,如上海的日月星护理院就是一家连锁型的专业医疗护理机构,专门为失能、术后老年人提供专业的医疗、康复和护理服务。未来,这种规模不大但专业化较强的连锁型老龄服务机构应该是老龄服务市场的重要力量。

8. 智能化、信息化项目

利用物联网、云计算、移动互联网、信息智能终端等新一代信息技术,通过对老年人服务需求信息的感知、传送、发布和对服务资源的整合共享,来实现对老年人的数字化、网络化和智能化服务。

远程医疗、电子健康等都是目前中国老年健康服务业的一个主要发展内容。另外,基于智能化的网络服务平台或利用科技、智能化的老龄服务产品,也是目前中国老龄服务业发展中的一个重要方向。

一是借助智能化平台,整合老龄服务资源。如上海海阳集团的"'96890'一站式为老服务平台",以及各地的其他为老服务信息平台等,都是利用智能化、科技化的信息手段,通过整合社会服务资源,将老年人和服务资源有效对接,以满足老年人的服务需求。

二是通过直接建立"智慧社区""智能化养老基地"等来实现科技化的为老服务。如北京市从2013年就开始推进的"智慧社区"建设、日本电气股份有限公司(NEC)(中国)建立的智能老年公寓信息化系统、全国老龄办在全国范围内推进的智能化老龄服务示范基地等。

第二节 国外"医养结合"养老模式发展的现状

一、国外"医养结合"老年长期护理制度的实施现状

(一)英国

英国老年长期照护的公共支出占GDP的比重为1.1%,该比重将在2025年增加到1.25%。英国每千名65岁及以上老年人拥有老年长期照护床位56张。英国近年提出"整合照料"(integrated care)的理念,"整合照料"应当至少包括急性医疗照护、长期照料、社会照顾、老有所居、交通食宿等服务。"整合照料"分为体系、机构、个人三个层次,在资源上推动来自不同部门、区域、领域之间资源的整合使用,在政策上提倡服务业与医疗机构和养老设施之间的融合;在机构层面,鼓励医疗机构和社会养老设施的合作;在个人层面,坚持执行老年人个体医疗养护行为的全民监控,从而形成完整的医养服务管理路径。

(二)日本

日本是世界上老龄化程度最高、老龄化发展速度最快的国家之一。日

本每千名65岁及以上老年人拥有26.3张床位。日本老年长期照护公共支出占GDP的比重约为1.5%,其中财政资金和个人自付合计约为0.5%,老年长期照护社会保险基金支出占GDP的比重为1%。

(三)美国

目前美国的养老服务机构中,营利性的私立服务机构占到66%,非营利性机构为27%,其余7%为政府举办的服务机构。在美国老年人的全部医疗保健支出中,医疗保险,包括住院医疗保险和补充性医疗保险,二者合计约占44%,医疗补助约占12%,个人支付和私人保险公司支付合占约44%。医疗保险费用一般由所在单位承担80%,个人承担20%,大概每个家庭平均每个月要从工资中扣除120美元用于医疗保险,占家庭收入的3%。与英国不同,美国的老年长期照护体系与医疗体系严格划分开来。

(四)新加坡

在政策制定上,新加坡政府通过法律形式强化了家庭对照顾老年人的责任。如1995年出台了《赡养父母法》,1996年设立了赡养父母仲裁法庭。此外,新加坡还有一系列福利政策对居家养老给予支持,如"敬老保健金计划"等津贴政策和"三代同堂花红"等税收优惠来鼓励子女赡养老人。在养老设施、服务水平和人员素质上,新加坡相当重视对老龄设施的投入力度,各种养老设施齐全且收费合理,服务人员要求具有一定的文化水平且需接受专业的培训。与此同时,新加坡还拥有一支占服务人员数量15%的义工队伍,其中许多具有专业知识并长期为养老机构提供服务。

二、国外"医养结合"老年人长期护理制度的演变

(一)英国

英国政府实行的是免费医疗服务,每一位英国居民都可从NHS系统中获得免费的医疗服务。因此,在一些很难严格区分是医疗护理还是老年长期照护的项目上,一些英国人会想方设法留在医院,以便接受免费的医疗护理,造成了医院床位拥挤、医疗资源浪费。

为了解决这些问题,英国从20世纪80年代开始把那些难以区分类别的免费医疗护理项目全部划入老年长期照护项目中,对老年长期照护服务需求者进行严格的需求评估和家计调查,只有获得资格者才能享受待遇,即在老年长期照护上,英国实施的是"补缺型+税收筹资"养老长期照护制度。

为了更好地解决"赖床"问题,英国政府于21世纪初颁布了《社区照护——拖延出院惩罚法》。为保障医疗服务和老年长期照护的顺利连接,英国政府要求医院为患者建立全程医疗和护理方案,通过一次性评估,便可以全程跟踪患者的治疗和康复。目前英国已拥有相对成熟的社会养老照护体系和完善的法律支撑。

作为老牌资本主义国家和福利国家发源地的英国,自实施济贫法以来,其社会保障与社会福利的发展脉络一直备受世界瞩目。其养老服务保障方式在逾百年的实践中又一次向狭义福利保障回归,从对弱势群体的家计式调查到与收入无关的普适性高福利,最后又回到了市场化效率驱动的家计式调查。

(二)日本

日本1961年开始实施全民社会保险计划,1963年出台的《老年人福利法》是日本社会化养老的开端,第一次明确了老年人福利的权利与义务。日本65岁及以上人口当中,平均两个人就有一个人在去世前需要看护照顾,其中有一半的人卧床3年以上,老人看护有一半是由家人负责。在看护老人的人群中有35%的人抱有嫌恶感,50%的人存在对老人的虐待行为,46%的人感到精神疲劳,家庭看护负担加重。该制度中还存在医疗与福利分离、费用不公平等局限性问题。1995年德国引入老年长期照护社会保险,对日本产生了很大影响。再加上担心通过税收筹资会加重财政负担,日本也选择了社会保险作为老年长期照护制度的筹资模式。1997年日本出台了《介护保险法》,它是对被保险人因为高龄、慢性病、意外伤残等导致失能、半失能,由此带来的需要入住护理机构或在家接受长期康复护理而支付的各种费用给予补偿的一种保险,其根本目的是要减轻人口老龄化带来的老年人护理服务及其所产生的护理费用负担。21世纪初该法正式实施,标志着医疗服务与老年照顾由分离阶段逐步走上融合阶段。

(三)美国

美国的社会保障由社会保险、社会救济、社会福利、优抚安置等组成。其中社会保险是社会保障的核心内容。所谓社会保险,是指国家通过立法建立的一种社会保障制度,目的是使得劳动者因年老、失业、患病、工伤、生育而减少或丧失劳动收入时,能从社会获得经济补偿和物质帮助,保障基本生活。

1930年之前,美国的救济工作和所需要的资金主要还是由教会或非政府组织提供。由于1929年的经济大萧条,其失业人口从1929年的300万上升到1933年的1500万,几乎占全国人口的1/5。为了应对这场史无前例的社会经济危机,美国建立了社会福利体制。1935年美国通过了历史上第一部社会保障法典《社会保障法》,其五个基本项目是老年社会保险、失业社会保险、盲人补助、老年补助和未成年人补助。

20世纪六七十年代是美国社会保障制度发展的第二阶段,其主要内容包括医疗卫生、食品券、公共住宅等。1970年美国参加社会保险的人数为9300万,受益人数为2500万,收益比为3∶7。1980年美国参加社会保险的人数和受益人数分别为11500万、3500万,收益比为3∶1。

20世纪80年代美国的社会保障制度进入第三个阶段。社会保障制度给美国社会带来繁荣、安定、昌盛的同时,也存在弊端,如社会保障支出逐步增加,负担日益沉重;社会保障税率不断提升,引起了公民对政府的不满;部分社会福利项目由州政府制定标准,加大了联邦政府的支出负担;社会保障机构繁多,管理费用开支巨大;仍有部分成员没有纳入保障范围等。

美国的社会保险制度属于"补缺型+社会保险筹资"制度,即对不同的保障成员使用不同的保障标准,社会保险费用由国家、雇主和劳动者三方负担。老年、遗属和残障保险是社会保险的主体,由联邦政府统一立法,全国强制执行,而雇员的医疗、工伤和失业保险,全国没有统一制度,均由各州自己制定。因此美国社会保险是不完整的。

美国的社会福利制度已经相当完善。社会福利种类包括联邦社会保险(退休金、抚恤金、伤残金);失业补助金;公共援助金(失明者、老人、残障者及无收入者);孕妇和儿童福利;粮食券、学校提供的廉价或免费膳食、家居能源补助计划、廉价公共房屋、医疗补助(medicaid)和家中照顾计划(in home support service)。

社会救济是指国家和社会为保证每个公民享有基本生活权利,而对贫苦者提供的物质帮助,主要包括自然灾害救济、失业救济、孤寡病残救济和城乡困难户救济等。美国是世界上社会救济方案最为复杂的国家之一。它的救助体系包括补充保障所得、失依儿童家庭津贴、医疗补助、一般救助、食物券和住宅补助。社会救济项目资金由联邦政府和州政府公共供给,在补助金额方面,州政府有增加的自主权。

美国较为出名的社会保障政策有美国老年、遗属和残障保险(OASDI)、美国老年社会保障残障保险(SSDI)、美国老年收入补充保障政策(SSI)、美国雇主养老社会保障制度、美国铁路部门退休与失业保障制度、美国联邦政府雇员的社会保障制度、美国退伍军人福利和军人退役福利制度、美国医疗健康保险制度、美国老年和残障医疗保险(Medicare)、美国医疗补助计划(Medicaid)、美国儿童健康保险计划(SCHIP)、美国商业健康保险与政府支持政策等。

(四)新加坡

1953年,英国殖民地政府制定了十分简单的《中央公积金法》,1955年开始正式实施具有社会保障性质的中央公积金制度(Central Provident Fund, CPF)。其建立的目的是为退休人员提供自我生活保障,事实上是一种强制储蓄制度。政府在资金的提供方面并没有承担相应的责任,储蓄依靠的是雇主和雇员缴纳的款项,并不像一般的养老金计划一样具有共享的特征。其法定管理机构为中央公积金局(CPF Board)。

中央公积金局依据《中央公积金法》对公积金进行收缴、结算、使用和储存等,并实行规范化、制度化和企业化管理。中央公积金局实行董事会下的总经理负责制,其领导成员由政府代表、雇主代表、雇员代表和有关专家学者组成。

公积金的管理独立于新加坡政府的财政之外,单独核算,自负盈亏。公积金各项费用的收支、管理、运营情况透明度很高,有利于接受公众的监督。尽管中央公积金规模庞大,管理难度大,但在中央公积金局科学和高效的管理之下,公积金运作良好,为新加坡的经济发展和社会稳定提供了重要保障。

如果将新加坡的社会保障制度分为社会保险和社会福利两个部分,那么其社会保险就是由国家强制实施个人储蓄的中央公积金制度构成,它也是新加坡社会保障体系的主体部分。中央公积金制度逐渐从最初比较单纯的养老性质扩展到住房保障、医疗及教育等,以及从最初的个人保障扩大到对家庭成员的保障等。而其社会福利是指政府对无法维持最低生活水平的成员给予救助,如对低收入家庭发放住房补贴、生活救济和救助金等。

第三节 国内"医养结合"养老模式发展的现状

2013年我国政府正式提出"医养结合",2016年全国开始试点,从最初的理念萌芽到模式起步和探索,再到如今的深化发展,该养老模式持续被完善和规范。"医养结合"模式的运行推广得力于国家政策推动、财政支持和医疗卫生体制改革,各地区根据实地情况,纷纷进行转型和实践,初步构建起各自的医养服务网络。

一、"医养结合"养老模式的发展历程

我国"医养结合"养老模式从理念产生、概念提出到摸索试点,历经了发展的萌芽期和探索期,正处于在实践推广和不断深化的发展期。

(一)酝酿萌芽期(2000—2012)

我国"医养结合"初步酝酿和萌芽发展是在2000年至2012年,这段时期,关于"医养结合"的养老意识开始形成。理念的最初萌发是在学术界,2005年,郭东等学者最早针对"医养结合"模式对老龄人养老的可行性和在我国落实的必要性、紧迫性进行论述。但是21世纪初,社会对"医养结合"的认识仍然十分有限,个别学者提出了探索医养路径,但是并没有激起很大的"浪花"。

政府层面,2011年,在对我国养老服务体系的"十二五"规划中,也提出鼓励有条件的养老机构增添康复器材设施和服务,鼓励内部设立医疗业务科室,提高处理老龄人突发疾病的能力,转型发展养护型和医护型的养老机构。还有在《城乡社区服务体系建设"十二五"规划》中也提出发展社区的医疗卫生服务,提高基层服务水平,满足多群体的需求。这一阶段,虽然政府并未直接提出"医养结合"政策,但是在相关的政策文件中可以看到已经开始注重老龄人的医疗需求,"养"和"医"融合的思想开始萌芽。

(二)起步探索期(2013—2015)

2013年,国务院文件中首次明确提出"医养融合发展",标志着我国"医养结合"开始进入起步和探索时期。《关于加快发展养老服务业的若干意见》中将医养融合与养老设施、老龄市场、农村养老、机构和居家养老并列,作为下一步发展的六大模块任务,对于卫生管理机构、医疗和养老服务提供机构都做出了明确要求,还提出了需要健全医保制度,是我国"医养结合"发展的"里程碑文件"。2015年,"医养结合"这一概念被首次提出,原卫生计生委等9部门对我国"医养结合"的下一步发展目标、任务进行详细规划,对发展保障举措进行组织实施。除此之外,2013年至2015年,不仅仅只是国务院发文,民政部、原卫生计生委等相关部门也都陆陆续续颁布了系列相关文件,政策内容逐步细化和深化,医养政策的鼓励和完善也推动着医养实践的起步和探索。

(三)发展深化期(2016年至今)

2016年,我国先后在全国90个城市和地区进行"医养结合"的发展试点,各地扎实推进"医养结合"服务实践,进入发展的深化时期。2016年之后,各个部门在落实"医养结合"发展的政策法规、体制结构、任务分工、机构许可、行政审批、市场发展等方面都进行了规划和具体设计,内容越来越细化和专业化,十九大报告中也对"医养结合"完善养老服务体系提出了要求。与此同时,我国医疗卫生体制改革也在不断深化,在具体的改革举措中将"医养结合"养老服务考虑其中,作为医改的项目措施。

2022年是我国开展"医养结合"养老服务试点的第7个年头,试点的地区通过实践已经发展成各种经典的模式类型,形成自己的典型经验,试点地区的"医养结合"服务网点基本形成,进入到一个深化发展的攻坚期,也正处于一个进一步规范完善和推广的阶段。

二、"医养结合"养老模式发展的类型

"医养结合"作为一种新型的养老方式,在我国试点至今,各地因地制宜,形成了不同的类型,实现了部分老龄人的全方位养老。比如青岛市作为我国"医养结合"的先行者,形成了符合自身情况、独一无二的"青岛模式",其他试点城市也结合自身特色发展了不同经验。2019年,国家卫健委评选出了200例全国"医养结合"典型经验名单,本书结合"医养结合"养老服务的具体实例对现阶段4种普遍典型的类型联合实例进行分析。

(一)"养中有医"模式

"养中有医"以养为主,增加对老龄人的医疗服务,即完善养老机构内部功能,配备非处方药、医疗和康复专业设备,聘任专业的医师和护士人员。

"养中有医"类型是目前我国各地发展"医养结合"最为普遍的一种实践模式,对象多为公办养老机构或者实力较雄厚的私立养老机构,养老对象多为在养老院身体条件比较好的老龄人。兴国夕阳红老年公寓由原兴国老年服务中心发展而来,于2014年成立,是一家具有养老照料、康复护理多功能的"公建民营"性质的"医养结合"养老机构。公寓内一共有800余张床位,360位入住的老龄人,98位工作人员。公寓内根据老龄人不同健康水平分为自理区、介护区和特护区,分级别进行养老照看。公寓内设立了一级综合医院——谐和医院,可以在日常为老龄人进行专业医疗问诊、体检评估、康复训练等服务。

"养中有医"类型的医养机构能供应专业的养老服务,能够提高老龄人的身体水平和养老质量,老龄人身体状况不好时无须养老院、医院两头跑,可以缓解医疗资源紧张现况。但这一模式也面临着配备医疗设备成本高,准入门槛高;缺乏吸引力,缺乏专业的医护人员;医养机构部分服务未纳入医保范围,养老院费用太高,对老龄人吸引力下降等问题。同时在发展的过程中,大部分民办养老机构由于资金问题很难进行医养转型,间接加剧机构之间的分化风险——公办养老供不应求,民办养老吸引力下降,而且还有可能增加养老院"医闹"的风险。

(二)"医中有养"模式

"医中有养"同为内置型模式,转型主体是医疗卫生机构,增加服务是老龄生活照料。该模式在原有医疗资源的基础上,引入养老资源,医疗机构进行转型,兼顾生活照料和医疗服务。

"医中有养"模式供给的主体主要是医疗资源富余的医疗机构,面对的群体主要是身体状况比较差的失能、半失能老龄人,老龄人在医院治疗之后直接在医院进行康复。北京市炼焦化学厂医院成立于20世纪90年代初,隶属于北京焦化厂,是一家职工医院。21世纪以来,医院资源闲置,一直处于亏损的状态,顺应"医养结合"政策的改革,医院拿出将近一半的病床用于养老院的建设,成功进行了自身的转型,也形成了"医中有养"的典型。

"医中有养"机构发展除了政策支持和养老需求的机会,还得力于医改的契机。其具有专业的医疗设施、配备专业的医疗人员,供给专业的医疗服务,方便观察老龄人病情,尤其适合身体条件不太乐观的老龄人。当然医疗机构在转型路上也会遇到转型困难,如缺乏专业养老照顾人员;增加养老设备成本,大型医院有力无心,中小型医疗机构有心无力;缺乏吸引力,医疗机构不仅仅面向老龄人群体,相对于长期养老服务,医疗服务的周期更短,在没有其他方面鼓励情况下,医疗机构缺乏动力。此外,发展过程中存在加剧不同层次医疗机构的分化风险和滥用医保、医疗职能弱化等风险。

(三)"医养合作"模式

"医养合作"是一种联合型医养模式,指的是并不在各自的机构内部增设额外服务,而是双方之间签订协议,进行合作,方式更为灵活。例如养老机构与距离较近的医院签订协议,提供老龄人健康档案,当养老院的老龄人去医院就诊时,医院提供绿色通道,方便老龄人享受医疗服务;医院中的老龄人接受完医疗救治后,直接转移到养老机构,减少"押床"的现象;医院成立专门的医疗小组,定期到合作的养老院为老龄人进行体检、问诊,开健康讲座等等。同样是兴国夕阳红老年公寓,除了在公寓内成立了谐和医院,还与兴国县第二医院签订了老年医疗保健合作协议,医院配专职护士8人,负责康复理疗、心理护理、保健护理、中心门诊输液等服务,并指定2名医生每日巡诊、康复指导,特殊情况随叫随到。依托兴国县第二医院的医疗资源,完善了老年公寓的医疗功能,让公寓老人能够小病不出院治疗、大病及时转院治疗、治愈出院疗养。

"医养合作"相对于其他类型而言更为灵活多样,充分整合了资源,且运作成本比较低。但其存在的困难在于:不同机构之间合作难免涉及衔接不畅的问题,缺少利益吸引,缺乏合作监管,易流于形式,发挥不了实质的作用;而且距离医疗机构较远的养老机构不具有适用性或者只能和社区医院等小型医疗机构合作,难以满足老龄人需求,在郊区或者农村的养老机构更是如此;容易造成机构分化风险,医疗资源丰富的养老机构"一床难求",医疗资源匮乏的养老机构竞争力下降,床多人少,浪费资源。

(四)"社区养老+医养结合"模式

由于特定的传统背景,居家养老在我国所占的比重极大,所以要想大范围覆盖"医养结合"服务,"社区养老+医养结合"类型的推广必不可少。社区养老目前在我国发展得如火如荼,2020年8月,民政部、财政部联合公布确定了全国第五批中央财政支持开展居家和社区养老服务改革试点。"社区养老＋医养结合"是一种以家庭为基础单元,以专业养老机构为载体,依托于社区资源,通过入户服务、老龄幼儿园、社区互助等形式,为居家老龄人提供医养服务的方式。

该模式依托社区卫生服务中心,鼓励社区医院支持养老服务,发挥社区养老院作用,发展社区全科医生、志愿者等组织队伍,更新社区的医养服务。该模式的优势在于,基于我国目前居家老龄群体庞大的现实国情,依托社区的资源,使得老龄人足不出户就能享受到较高质量的养老医疗服务。有待发展的部分在于社区供给的医疗水平良莠不齐,质量有待提高;"居家养老＋医养结合"必须依托于大数据资源,但是智慧社区建设的困难性大,社区管理制度有待完善;社区医养费用如何结算也存在困难。外部的威胁在于容易弱化专门的养老机构的功能,还存在一定的安全隐患风险,比如上门服务存在老龄人家中财物丢失的风险、侵犯老龄人隐私的风险等等。

赣州市三康庙社区提供居家养老综合型的养老服务,主要依托社区卫生服务站、社区内的添福养老机构和全科医生资源。网点功能包括日间照料室、阅览室、康复训练室、餐厅、中医养生馆、社区养护院、卫生服务站,养老服务主要为日间照料、长期照护、失能照护、上门服务、医疗保健和居家适老化改造。该社区居民约5700人,其中60岁以上928人,占社区总人口16%,其中失能老人61人。

各试点城市根据自己实际情况开展了"医养结合"养老的实践,除了以上分析的4种最常见的类型,还有诸如"两院一体""医联结合"等医养类型。每个类型都可以有效整合养老医疗资源,也都有自己的优势、劣势和风险,无所谓哪种模式更优,最重要的还是要适合当地养老机构和医疗机构的发展情况,选择适合自己的模式进行医养转型,最终实现我国"医养结合"的规范发展、因地发展、综合发展、创新发展,作为我国养老模式的有效补充,完善养老体系。

第四节 "医养结合"养老模式优化策略

一、"医养结合"养老模式存在问题分析

(一)"医养结合"主体的观念陈旧

"医养结合"主要涉及三个主体:老龄群体、其他社会群体和养老医疗机构主体。各个主体都存在不同程度养老观念陈旧的问题。

1. 传统养老观念根深蒂固

我国几千年"孝"文化等传统思想的影响根深蒂固,传统的养老医疗观念一时难以改变。养老方面,大部分老龄群体和部分年轻群体还不能摒弃"养儿防老"的传统观念,老龄人和年轻人对老年进入养老院的看法主观、片面,对养老机构保持着警惕、怀疑的态度。在调查的过程中,居住在养老院的老龄人仍有一部分认为子女把自己送到养老院不够孝顺,更想待在家里由家人照顾;老龄人家属则表示因为工作原因这也是不得已的选择,如果有能力,不会选择送父母去养老院。医疗方面,社会群体对养老机构的医疗功能普遍存在认知偏差,无论大病小病都习惯去医院,存在"路径依赖",不信任养老机构。另外,我国农村地区的老龄人和一些无退休金的老龄人,不愿或者无力承担养老机构的服务费用,相当一部分比例的老龄群体都会选择家庭养老方式,也希望当自己身体状况发生变化时,能在自己熟悉的环境享受养老服务。因此,我国现代养老体系的建构任重道远,"医养结合"模式的发展也存在主观障碍。

2. 积极老龄化的意识落后

积极老龄化理念主要包括关心老龄人健康状况、完善养老保障体系、增加老龄人社会参与,以此实现老龄人权利、发挥老龄人价值。由于我国关于积极老龄化理念的认识和发展时间比较晚,21世纪初才开始萌发理念意识,2019年制定中长期规划,导致我国社会对于积极老龄化的认识不够到位,社会风气尚未形成。目前,我国传统养老最主要的集中点仍在于延长老龄人的生命长度,最主要的服务就是对老龄人的日常生活照料。显然,服务的内容过于单一、服务理念过于传统,社会对于积极应对老龄化的现代理念意识

转换不及时。

3."医养结合"认识不足

第一,老龄人及其子女对"医养结合"的认识不足。在面向入住养老院的老龄人的家属和身边人群的随机访问中发现,大众对"医养结合"普遍缺乏了解。一部分人群对这种新模式了解片面,只知道在以往养老服务中医疗服务的质量提高了,关于模式的具体类型、服务内容、如何运作等具体方面不了解,甚至还有一部分人不清楚"医养结合"是什么。因此,主体在认识方面都存在很大的问题,发展层面自然受到限制。

第二,服务机构对"医养结合"的认识也存在着误区。"医养结合"养老模式不是简单的养老医疗"1+1",而是一种深度融合,最终实现"1+1>2"的优势;服务的对象是全体老龄人,不仅仅限于身体状况差的老龄人;服务的内容也不是简单的当老龄人生病了才给予治疗,而是包括体检、预防、照料、护理、康复一体化、全方位的内容。但是,事物的认识和发展总会经历一个较长期的过程,目前部分养老和卫生机构的认识未转换完全。"医养结合"新模式被当作"养"和"医"的"1+1"简单联合,医疗服务对象局限于身体条件差的老人,仍处于低端"托老托养",未完成真正意义上的转型。

(二)医养结合服务人才短缺

医养结合服务人才短缺是指四个层面的缺乏,包括缺乏愿意从事医疗养老的从业人员,缺乏具备专业素质的医疗养老从业人员,缺乏医护学校培养的医养结合服务人才。

首先,缺乏对医养人才重要性的认识。在最初进入市场的时候,很多商人趋之若鹜,争相要政策、建机构,可是几年后,因种种原因,却是挣得少、赔得多,民间养老机构空床率很高。实际上,医养结合并不是能在短期内获得收益的事业,而是需要大量服务人员的长期服务才能收获成效,抱着"淘金"的想法必然最早从这个市场出局。

其次,缺少专业管理人才。作为管理者,要懂行,懂得市场营销,能做好医养结合事业规划;要有创新精神,能够创新医养结合模式;要有领导力,能够成为聚合养老医疗服务人员的带头人。这种高素质的医养管理者还有很大缺口。

再次,缺少年轻医养人才。由于医养机构职称进阶困难,医疗设备有限,就医多体现在慢性病上,医患矛盾发生率高,年轻的医疗工作者大多不愿意进入医养机构,很多全职医生都是退休返聘人士。

最后,缺乏多层次专业人才。医养服务业需要多层面服务人员,需要机构管理者、医师、护师、药剂师、护理师、康复训练师、营养配餐师、心理咨询师、社工师、美发师等服务团队共同协作,这里的供需很不平衡,需要大量人才的引进。

(三)医养结合行业法律体系不完善

我国在推进医养结合过程中,为了权衡各方的利益关系,集中赋予行政机关对医养结合进行管理,形成了医养结合政策出台、经办、监督都归属于行政部门的现象,立法机关在医养结合领域上基本是缺位的。进入21世纪,我国的立法机关有意对老年人保障立法加快了进度,但总的来说医养结合行业法律体系还是非常薄弱。

首先,现在的医养结合基本是以国务院的有关规定、指导意见和部门章程以及地方章程为参照标准的,其中行政管理机构发挥着改革和发展的关键作用。

其次,医养结合在养老和医疗领域还属于新鲜事物,当人口、经济、财政等因素发生变化时,医养结合的具体做法和标准也会发生相应的变化,所以形成稳定规范标准的法律体系确实非常困难。

再次,我国是个地大物博的国家,各地区养老和医疗事业的发展很不平衡,如果较早用制度、法律将医养结合定型,也妨碍了各地创新思路,不能结合本地实际发展医养结合事业,甚至出现政策和实际两层皮的现象。

最后,医养结合目前还属于试点推动阶段,如果只把还有争议的改革与发展项目放在医养结合试点上推动,还有试错空间和更改余地,不至于出现整个医养结合领域无法更改的大错误。

(四)医养结合行业管理体制还不健全

目前我国医养结合的行业体系还不健全,建设标准、服务规范的量化指标不够具体,行业准入标准尚不规范,机构自律和市场监管等问题制约着行业的发展。具体有以下几个问题:

一是民办医养结合机构制约因素多。虽然我国在民办养老服务机构的税收、土地、信贷、水电等方面都有明文规定,但因为缺乏配套的措施办法,在具体实施阶段存在落实比较困难、有差异的现象。国家对医养结合行业的补贴更多是向公办倾斜,而公办机构又有很多并不贫困、可以自理的老年人占用床位和资源,这在一定程度上挤压了民办机构的生存空间。此外,当出现医疗纠纷、行业纠纷的时候,民办机构还是弱势群体。这令很多民办机构不愿意收治基本自理或者不能自理的老人。另外民办机构设置医疗服务的成本高,而变为医保定点机构的难度又很大,这也成为制约其发展的最大难题。

二是没有根据照料程度不同对医养结合机构区分功能定位。一方面,大多数的医养结合养老机构收治老年人比较混乱。有的是只收健康和能够自理的老年人,对长期卧床或者不能自理的老年人拒收;而有的为了减少空床率,包括精神疾病、智力稍低的所有类型老年人都收,可以说是从生活能自理到需要临终关怀等各个阶段的老年人都有。医养机构在专业化程度低的情况下,很难对众多不同类别的老年人同时提供科学、高效的养老服务。另一方面,医养机构本身不是通过服务类型进行划分,而是采取针对所有制形态、设施规模、行政级别等因素分类,这种划分方式并不利于医养机构提高养老水平。

三是医保支付政策支撑不力的问题。目前的机制体制是财政部门只管养老不管医护,卫生部门只管医疗不管养老,财政部门经费专列、专款专用。而在各种养老类型里,实现居家养老的医保报销,是最困难而又最迫切的,因为这涉及大多数老年人的利益。一方面,现在的医保政策还不能为居家养老提供必要的医疗服务包,"医养"定价分开难。属于"医"的那部分诊疗、药品等费用还没有纳入医保报销,而属于"养"的一部分护理费、康复费用则需要探索护理保险、老年津贴等方式。另一方面,由于在目前的医保支付中只有治疗算是医保领域,就造成了部分地区的过分医疗现象,大病小病都打吊瓶,甚至有骗保的现象出现。

二、"医养结合"养老模式优化策略

(一)完善法规体系,突出做好顶层设计

随着社会养老服务中健康的重要性不断加强,健康理念融入社会养老服务程度加深,急需一套完善的突出顶层设计的法规体系将"医养结合"的发展引向深入。

一是加强前期调研。由专门的领导小组牵头,卫生、民政、发改、人社、财政等部门共同参与,分别派出专家,共同组成医养结合立法委员会,建立医养结合法规体系建设管理机制。定期召开联席会、座谈会等,收集法规体系制定的意见建议。以试点为突破口,及时研究解决问题。做好城乡之间、不同地域的调研工作,得出普惠全国所有老年人、适用于各个情况的法规体系。成立医养结合访问团,到德国、日本、澳大利亚等在医养结合方面有经验的国家中去调研学习,将成果融入我国的法规体系中。加强人大、政协提案研究,用多种途径进行立法调研,推动人大常委会立法。

二是构建合理结构。医养结合是涉及卫生、民政、财政等多部门,横跨养老和医疗两方面内容的领域。只有在结构上充分体现平衡性,才能让法规体系起到聚合的作用。在负责分工上,要设立专门的领导小组,对医疗和养老合理统筹,横向理顺,上下贯通,定岗定责。在服务形式上,要合理安排居家养老、社区养老和机构养老的分量和侧重,充分考虑我国的国情,设计最适合当下和未来几年的合理方案。在服务内容上,一方面突出现代医疗手段的科学性,另一方面加强中医领域疾病预防和慢性病治疗的有效性。在服务方式上,协调好公费和自费的缴费比重,协调好医保、社保、基金的征缴运用,协调好资金和实物服务的比重。在服务级别上,对老年人的身体状况有科学的评估标准,将健康水平分类定级,让"医"和"养"有基本的服务标准。

三是制定科学内容。确立医养机构的服务内容,制定服务人员的职业标准、谋划床位数量的比例标准、设计科学的规章制度。要区分政府、社会、家庭各自的责任,要形成政府兜底指导,社会广泛参与,家庭幸福和谐的医养结合局面。要充分反映医养结合的社会化、市场化、产业化,对于弱势群体保证非营利的兜底工程,对于追求更高品质的老年群体形成盈利的优质市场经营,对于医疗和养老服务自身探索出一种微盈利的产业化经营服务模式。要关注养老机构准入的盈利机制,让市场发挥资源配置中的重要作用。要设定约束监督机制,避免从业者也是监督者,要有合理的第三方进行监督。

四是明确原则目的。法规体系的建立是为了破解医养结合机构定位不准,主管部门交叉重叠,服务水平满足不了实际需求,套用医保资金,监管不到位等现实问题。建立科学的法规体系,主要是为了明确准入条件,订立审核审批标准,确定服务内容,促进专业化人员培养,形成可依循的工作流程。法规体系既要具备解决当下老年人养老医疗实际问题的现实性,又具有应对未来老年人口结构变化的前瞻性;既体现依照操作的稳定性,又具有结合实际的灵活性;既有规范的指导思想和基本要求的统一性,又有为主体不同的各领域发挥功能提供空间的多元性;既有与我国其他的政策法规的标准相衔接的内部性,又有充分借鉴国外先进经验的外部性。医养结合法规体系中最主要的标准是能否惠及全国所有老年人的社会权益。

(二)完善人才体系,突出人才队伍建设

统计数据表明,我国现有养老护理员仅30多万人,其中有职业资格的不足10万人,我国的养老护理员缺口至少有1000余万人。加强医养人才队伍的建设,已然是我国医养结合运行中的基础性工程。

一是建立合理的教育培训体系。培训体系分为三级:一是在校培训,加大全科医生的培养,在高校增设老年医学、康复护理、营养膳食、心理健康等与老年医养结合息息相关的医学专业,尤其在高等院校和中专学校中扩大在医养领域的招生规模;二是实践培训,以职业教育为主,在非专业学生、下岗人员、志愿者等人员中培训相关老年人医养知识,在医养实践中完成一定的照顾老年人必修学时;三是在岗培训,针对已经从事医养领域的人员,利用医学院、职业教育学校等平台,对其进行因需培训,提高从业人员专业水平,及时更新知识储备。

二是建立资格认证体系。对养老机构和医疗机构中的医疗人员以同等的待遇,设立具有专业性的国家资格职位,以定期的国家考试选拔专业人才。规定必须在医疗保健和社会福利事业中有实际工作经验的人员才能参加更高的资格考试。资格认证的考核范围可以是多方面的,除了医学,还可以包括心理学、营养学、分析学等领域。

三是建立职业生涯规划。为了保证医养服务队伍人员的稳定性,要设计出合理的晋升道路。首先,完善职称评定制度,使医养领域的职称含金量不低于其他医疗机构,与工资直接挂钩。其次,要求医养机构按照定员比例配置看护师、保健师等专业人才,稳定专业人才的就业途径。再次,护理者可以通过增加服务时间,提升专业技能,晋升为技术指导或者医养机构管理者。

四是突出培养重点稀缺人才。目前,医养机构最缺乏的是全科医生和中医师,要有计划地进行重点培养。对于培养全科医生,要在医学院中增收全科医学生,增加培养数量;激励全科医生到医疗机构中任职,增加社会认可度和职业待遇;鼓励医疗机构的全科医生到医养机构进行轮训交流,促进人才的有序流动。对于培养中医师,要在"治未病"的理念下将养老和养生相结合,要在发展中医药健康养老的理念下鼓励养老护理员普遍接受中医药技能培训。要进一步加强医养结合下的中医作用,培养出一批中医执业医师、中医保健师、中医药剂师等专业人才。

(三)完善评估体系,突出医养全面融合

医养结合发展目标的科学性离不开对老年人能力评估和对现有医养资源评估。完善医养结合评估体系,是医养结合目标和任务制定的前提和基础,也是积极应对人口老龄化的重要举措。医养评估体系可以包括医养服务对象评估、医养服务项目评估、医养服务组织评估三个层次。在医养全面融合中,每种评估均发挥着必不可少的作用。

医养服务对象评估,为老年人医养服务提供数据基础。老年人能力评估是医养结合其他专项评估的基础,是制定相关政策的依据,是开展医养服务的前提。这种评估是基于观察、照顾计划、执行、监督以及重新检视等一系列过程开展的,由于评估标准不同,得出的结果也不尽相同。我国在2013年颁布《老年人能力评估》行业标准,是目前居家、社区、机构等不同养老方式评估的共同标准,包括日常生活活动、精神状态、感知觉与沟通、社会参与四个一级指标,并细化出多个二级指标,对老年人的身体、心智、社会、优势与风险、所处环境等功能进行评估。

医养服务项目评估,是对老年人医养服务的社会干预。医养服务项目是一种特殊的社会调查,运用社会研究程序,具体调查社会干预项目的绩效。医养结合项目包括生活服务项目、精神支持服务项目、休闲娱乐服务项目、基本护理服务项目、康复服务项目等几十种项目内容。可以在项目进展的服务前、服务中、服务后三个进程中实施评估。通过对医养项目需求、项目过程、项目结果、项目满意度等进行评估,得出该项目能否继续、如何改善、怎样扩展或缩减等结论。

医养服务组织评估,能够促进医养机构能力的提升。医养服务组织评估是指政府部门或特定机构,按照一定标准,对医养服务机构进行评估,并最终确定等级而决定奖惩的过程。评估内容包括机构规范制度建设、服务状况及效果等内容。在居家养老服务评估方面,从准入评估到跟踪式评估,按照评估机制和评价指标体系的操作制度,科学确定出老年人的服务需求类型、照料护理等级,确定医养服务补贴领取资格,对老年人生理、心理、经济条件以及生活状况进行全方位的评估。在医养服务机构评估方面,采取实地查看、听取汇报、检查台账、召开座谈会等多种形式,对医养服务机构设施设备与所处环境、医养服务、管理水平、队伍建设等方面构成达标评估指标体系,从而作为医养机构资金来源的主要凭证,得出医养结合准入制度,成为保证医养结合服务质量的主要措施。

第十章　新时代养老服务体系建设的政策建议

第一节　构建社会参与支持系统,扩大社会化养老服务供给

一、树立积极老龄化理念,构建社会参与支持系统

(一)树立积极老龄化的理念

树立老年人不是负担而是社会财富的理念,挖掘老年人自身潜力和加强老年人之间的互助,是解决日益突出的养老问题的一个突破口。建立能为老年人提供参与社会的机会的服务体系,能够有效利用老年人力资源,创造老年人口红利。世界卫生组织把"积极老龄化"界定为"参与""健康"和"保障",重点强调人在进入老年以后,尽可能在较长时期保持良好状态。积极老龄化的目的在于:①让健康的老人继续工作,不但能改善自己的条件,增加公共税收,还有助于缓解养老金、医疗保险和其他方面社会保障支出的压力;②让越来越多的人进入老年后积极参与社会、文化和政治活动,使他们的宝贵才能和经验得到充分运用;③降低老年人的患病、致残率,减少未来医疗和照料支出;④让所有进入老年的人,包括那些虚弱、残疾和需要照料的人都能够获得安全、保护以及经济、医疗等方面的保障,提高余寿期的健康质量和生活质量;⑤加强各代人之间的团结,促使代际建立互助互爱的关系。

(二)构建老年人参与社会活动的支持系统

老年人重新参与到社会生产活动中有利于其老有所为,可以增进其身心健康。帮助老年人参与社会活动是养老服务体系建设中的重要内容,多数的低龄老年人仍有继续参与工作的能力和意愿,他们在身心健康、认知能力以及社会参与方面都处于良好的状态。他们有自己的优势,在长期的工作中,积累了较多的经验和知识,能在工作中选择更好、更快、更有效能的方法和技巧,这样的人才是很宝贵的社会资源,若闲置起来就是很大的资源浪

费,也是社会建设和发展的重大损失。政府制定相应规章制度的同时积极推动政策的落实,为老年人再就业提供法律保障,维护老年人的权益。

1. 建立保持老年人工作积极性的制度体系

联合国世界卫生组织通过对全球人体素质和平均寿命进行测定,对年龄划分标准做出了新的规定,将人的一生分为五个年龄段:未成年人,0~17岁;青年人,18~65岁;中年人,66~79岁;老年人,80~99岁;长寿老人,100岁及以上。要保持老年人工作积极性应逐步延长退休年龄,实施弹性退休制度,提高享受全额养老金条件,鼓励私人投资养老金项目。例如,规定劳动者在达到法定退休年龄前领取企业年金或其他职业年金,取消享受税收优惠政策;制定老年人再就业反歧视法律,规定招聘广告禁止出现任何年龄条件的限制;建立弹性劳动合同,允许因老年人患病等不再适宜继续工作原因双方可临时解约,消除雇主雇用老年人的顾虑;确保法定年龄退休后,老年人养老金的增长和薪资支付不受任何限制。

2. 出台老年人创业和就业促进政策

制定"老年人就业雇佣制度",促进70岁以下老人受雇和再就业,规定如本人愿意,单位有义务保证老年人就业,政府对雇佣延迟至70岁的单位给予补贴;单位有义务废除对招聘年龄的限制,政府对实现老年人再就业单位给予奖励;设立老年人才中心,为老年人提供临时、短期就业机会。鼓励知名学者、教授、老艺术家等高端人才到智库等单位工作。鼓励老年人创业,给予技术、资金、税收和环境支持,对退休后就业和创业的收入给予税收减免的优惠。

3. 建立完善的老年人才机构

受教育程度越高的老年劳动者对社会经济的发展越有益,部分老年人力资源因其丰富的工作经验等而受重视,但是对于大多数老年劳动者,学历低、知识陈旧、接受能力弱等仍是制约其再就业的主要因素。老年人也很有可能通过作为新员工的方式继续参与到工作中去,建立完善的老年人才机构,大力发展老年教育,对老年人进行再就业培训,进而增强其再就业过程中的竞争力。建立学习型社区,对社区内老年人加强职业技能培训;取消老年人在职业技能考试方面的最高年龄限制、最低学历限制等硬性规定,培养终身学习的意识和氛围等。

4.建立适老工作就业环境

一是制定有利于老年人就业的人力资源政策,培养老年人就业优势的雇主意识,通过财政补贴、购买服务等方式,激励企业招收老年雇员。二是重新改造工作环境,提供咨询、顾问、档案管理、培训师等适合老年人的"过渡性工作岗位",建立健全老年实习生制度。三是搭建老年人力资源开发利用平台,成立老年人才就业市场。政府提供老年人与社会之间双向选择的渠道,建立相关的中介机构。整合老年人求职及用人单位、用人需求信息,建立老年求职者与企业联系机制。

(三)制定奖励健康老人的政策法规

建议对费用控制较好的退休老人予以奖励,以个人医疗费用支出不超过一定金额为依据,检查身体除外,制定对健康老人的奖励标准。比如,连续半年以上时间不用去医院看病的老人,政府每月奖励100元。连续一年以上时间不用去医院看病的老人,政府每月奖励200元,当年个人门诊账户有结余且全部医疗费用支出未超过一定金额的,个人门诊账户结余中的一部分可作为健康奖励金发给健康老人个人。政府奖励健康老人,有助于引导大多数老人改变其不良生活习惯或行为,主动地对自己的身体健康负起责任,有助于引导老人摆脱"药物依赖症",提升自身的生命活力、免疫力、自我修复能力,不用吃药打针或者少吃药打针就能保持较高的健康水平。有助于"准老年人"和青壮年人注意维护好自己的身体健康,以便在退休后成为健康老人,享受健康老人奖励资金。政府奖励健康老人,表面上看起来需增加政府投入,其实这是一项非常划算的举措。健康老人可以为国家、社会、家庭、子女节约大量医疗费用、护理费用和看护时间,健康老人越多,国家、社会、家庭、子女在养老上所花费的资源和时间越少。健康老人为国家、社会、家庭、子女节约的费用,远超过政府奖励健康老人的投入。

(四)倡导和完善互助养老服务模式

人类在养老保障的历史实践中探索出了家庭养老模式、机构养老模式、社区养老模式和混合养老模式。我国目前正在经历由传统的"反哺式"家庭养老模式到多元化养老模式的转变。传统的家庭养老主要是由老年人的配偶、子女、亲友来帮助其养老,社区养老和机构养老是借助社会力量来实现养老保障。从养老资源供给的来源看,获得养老服务的路径主要可包括如下几种：

1. "他助型"养老是老年人借助外来力量帮助自己实现养老

家庭养老是老年人通过其配偶、子女、朋友等力量来帮助自己实现养老；机构养老、社区养老则是借助于社会力量来实现养老功能，即我们通常意义上所说的"社会养老保障"。

2. "自助型"养老是老年人通过自己的力量或者自我力量的转移来实现自我保障

例如，很多低龄老年人身体状况良好，完全不需要借助外在力量就能安度晚年生活；我国传统的"反哺式"家庭养老和社会保障式的养老模式从某种程度上说都是自我力量转移式的自我保障。人们在年轻时把自己的财富通过哺育后代或参加养老保险的方式转移给后代或社会，年老时再从子女手中或社会获得相应的财富，从而保障自己的晚年生活。

3. "互助型"养老是通过老年人之间相互帮助的方式养老

老年配偶之间晚年相互照料、社区老年人之间的相互扶持、邻里之间彼此互相帮助都属于这种类型。目前国际上比较成熟的"互助型"养老模式有西欧国家的"时间银行"互助养老、日本的社区居民互助养老、德国的抱团同居式养老等。从战略层面看，建立自助、他助、互助相结合的多元化养老资源供给格局，是应对人口老龄化危机的根本路径。互助型养老模式是老年人社会参与的重要途径，是积极老龄化的重要表现，是我国未来养老模式的重要补充，其形式包括"志愿型""储蓄型""市场型"互助养老模式。互助养老在缓解养老资源不足、丰富老年人社会参与路径、弘扬互助道德文化等方面可以发挥积极作用。

加快互助养老模式的制度化及法制化建设。出台国家层面的互助养老法人登记注册、管理和激励专项法规，加强"时间银行"管理办法等配套文件的创制，动员和鼓励专业服务的介入。将互助养老的管理工作纳入民政部门社区工作范围，拨付专项资金给予支持。与居家、社区和机构养老有效配合，建立村/居组织、乡镇/村居级卫生所、专业社工机构、互助养老及其他养老服务机构的合作机制。加强诚信体系建设，建立养老服务培训制度，设定清晰的服务标准，对服务质量进行有效评估，对服务时间准确登记存档，为以后"服务时间储蓄"的接续服务提供证据，确保服务提供者享受相应的服务资源。同时还要确保"时间银行"中存储的劳务能在不同机构中"通存通兑"。维护服务对象和服务提供者双方的权益,促进互助养老模式的有效运行。

第一,由民政部门牵头建立区别于一般志愿服务的时间储蓄助老服务。强调时间储蓄助老服务不是一般的志愿服务,"储蓄—支取"是其根本特征。成立由老龄部门领导的时间储蓄助老服务领导小组,成立市级、区级和街乡级工作小组(可由老龄工作人员兼任),社区负责登记和存兑工作。

第二,强化时间储蓄助老主体的审核流程并建立分类评判标准。利用自己闲暇时间服务他人从而换取助老服务是时间储蓄助老服务的根本,因此需要从一开始就对参与人员进行审核,避免非此目的的人进入。参与者大致分为两类,一是以低龄老人为主的老年人群体,二是希望为自家老人或自己积累服务的准老人群体。当前有很多未满60岁就退休的人参与志愿活动,养老往往需要在家庭层面予以统筹,成年人或准老年人可能希望以自己的时间储蓄换取父母的服务使用。对于特殊困难老人可以酌情设置物质反馈,如农村幸福互助院中的老人相互照应通常也会获得每月100～200元的"收入"。

第三,建立社区、社会组织和社会工作"三社联动"的运营机制。由于绝大多数老人居住在家中,所以社区将是时间储蓄助老服务的核心所在。参与时间储蓄的老年人和非老年人经由社会组织审核并登记在册,社区工作人员对需要或者有资格享有服务的老人进行摸底,由社会组织和社会工作人员协调安排服务人员;同时,社会工作者对参与提供服务的人员进行培训指导,确保为老服务合乎规范。建立市级时间储蓄助老信息平台,社区工作人员负责记录服务信息(时间和内容),所属社会组织负责星级评定和权益兑付。"三社联动"工作机制将有助于调动社会组织作为第三方信用担保参与时间储蓄助老服务,为存兑提供重要保障。

二、扩大社会化养老服务供给,提高服务质量

政策支持重点从偏重机构养老转向鼓励发展居家和社区养老服务,加大对居家和社区养老服务的补贴力度,引导服务供给的重点从机构养老转向居家和社区养老服务,机构养老主要保障失能和失智的老年群体。尊重市场规律,用需求引导供给,取消床位拥有率等政府规定市场规模形式的考核指标。

(一)优化居家养老服务体系

居家养老服务,应体现出对待不同情况老年人的差别性。例如,对生活能自理的老年人,可为其提供老年餐厅、交通陪伴、聊天解闷等较为简单的日常生活援助。对失能和半失能老年人应在提供日常生活照料的基础上重点给予专项补贴,采取帮助其购买康复器械或提供指定机构的免费康复训练等措施,促进其恢复自理能力。对生活不能自理的高龄、独居老年人应提供日常照料、家政服务、紧急呼叫和安全援助等服务。对体弱多病的孤寡老人可采取政府出资方式提供一定的免费服务。

(二)提升社区养老服务水平

加强硬件与软件设施的建设是提高社区养老服务水平的重要内容。硬件基础设施方面,可采取分批建设、逐步推进的方式完善老年公寓、托老所、日间照料中心等的基础设施,以满足老人多种需求。而软件设施主要体现在加强社区老年服务的信息化建设,如建立信息综合服务网络并实现其信息的全面化,包括老年人的信息网络、服务人员的信息网络。加快机构养老体系社区化发展,将养老机构融入社区,与社区服务密切配合,能有效避免机构远离社区而导致老年人心理上被抛弃感的弊端。在优化公办养老机构设施建设的同时,应着重加强其与社区的密切合作,发挥养老机构在社区中的作用,还应大力扶持社会力量兴建养老机构,促进私立养老服务机构的社区化发展。

(三)深化公办养老机构 PPP 改革

公办养老机构应充分发挥其基础性、保障性作用。按照国家分类推进事业单位改革的总体思路,理顺公办养老机构的运行机制,建立责任制和绩效评价制度,提高服务质量和效率。第一,公办民营形式。鼓励有条件或新建的公办养老机构实行公建民营,可以通过公开招投标选定各类专业化的机构负责运营,负责运营的机构应坚持公益性质,通过服务收费、慈善捐赠、政府补贴等多种渠道筹集运营费用,确保自身的可持续发展。第二,采取公共部门与私人部门合作的模式,即 PPP 模式。所有产品和服务均由市场提供,政府要和承接企业签订合同,提升政府公共养老服务的托底保障能力。我国机构养老服务领域引进 PPP 模式也要分两种情况:存量部分和增量部分。对于存量部分,可以选择性保留一部分,承接进入标准严格的低端托底服务;其余的通过托管经营、股份合作、产权整体转让等方式由社会企业经营,参与市场竞争。对于新增的公办养老机构,应该用公建民营、民办公助或者完全民营(BOT模式)等形式进行市场化运作。PPP模式是政府与私人部门之间的多样性安排,可以实现服务安排与服务生产的分离,再搭配合适的合同就可以实现公办养老机构有效的市场化。在公办养老机构PPP模式中,政府应该是公共养老服务的安排者,决定哪些老人的养老服务由政府托底、其服务水平是什么、通过什么方式托底、采取什么样的付费方式。而机构养老服务的生产,完全可以通过外包、补助、特许经营等形式由私营部门或社会机构来完成。整个生产环节实现市场化,有效化解现有公办养老机构同时提供两种性质服务而产生的定价困境。

(四)对民办养老机构分类支持

充分发挥市场在资源配置中的决定性作用,将高端养老服务提供交给市场去运作,地方政府停止给豪华养老机构财政、土地上的支持和各种补贴,政府应把工作重心放到低收入和中等收入老龄群体,特别是广大农村老龄群体的养老建设上,加大对社区和居家养老服务的财政支持力度,支持机构定位于失能和失智老人群体的服务,加强对社会资本的引导与调控。加强对非营利性社会办养老机构的培育扶持,采取民办公助等形式,给予相应的建设补贴或运营补贴,支持其发展。鼓励民间资本投资建设专业化的服务设施,为居家老人和社区老人提供社会养老服务。推动社会专业机构以输出管理团队、开展服务指导等方式参与养老服务设施运营,引导养老服务组织向规模化、专业化、连锁化方向发展。

(五)提升养老服务质量

建立全面的养老服务标准体系。养老服务标准应涉及七个层面:建筑层面、服务层面、设施设备层面、医疗层面、饮食层面、精神层面和制度管理层面。养老服务标准化的建立应该覆盖到这七个方面。然而目前我国的标准性文件并不全面,已有的规范与标准仅仅对于养老机构建筑和硬件设施层面做出了相关规定,作为我国养老市场的指导性规范来说这显然是不够的。尤其是针对服务、医疗、饮食等与老人息息相关而且能直接影响老年人满意度的层面缺乏标准规范,这就容易造成服务人员专业素养缺失、医疗保障欠缺、老年人饮食存在巨大隐患等服务问题。所以,建立全面详细的标准体系才能真正意义上规范养老市场,使更多老年人受益。

加强养老服务标准强制力。合理健全的养老服务标准如果不能落到实处,无异于一纸空谈,所以出台相关法律和条例以保障养老标准的有效实施很有必要。养老服务应更看重它的社会公益性,所以对统一标准的强制推行实施大有必要,这是市场无法自行调节的部分,要依靠强制力来营造公平健康的养老服务市场。因此,应该完善养老服务标准法制层面建设,只有将国家出台的养老服务标准上升到法律的高度,赋予强制力之后,才能对推进养老服务标准建设发挥实际性作用。政府要进一步做好养老服务供给的监管工作,健全相关法律法规,加大执法力度,对于损害消费者权益、牟取暴利、违背诚信等损害市场秩序的行为严加惩罚。

(六)实施"互联网+智慧养老工程"

建立智慧养老管理平台和服务平台,利用现代信息技术,整合居家/社区养老服务信息平台、呼叫服务系统、医疗服务系统、康复服务系统、公安户籍系统、养老机构管理系统、社会参与支持系统、互助养老系统,建立医疗养老康复无缝连接的养老服务体系信息系统,通过信息网络系统和智能化监测设备对老人的身体状况做出评估、监控以及定位行为轨迹,对每一位老人的情况精准把控,方便养老服务机构和社会组织向老年人提供助餐、助洁、助行、助浴、助医、日间照料、法律、社会参与等服务。同时对服务质量标准量化和评价联网,为有需求的社会单位提供养老服务信息、养老政策指导等,为养老服务业发展提供有效支撑。支持社区、养老服务机构、社会组织和企业利用物联网、移动互联网和云计算、大数据等信息技术,开发应用智能终端和居家/社区养老服务智慧平台、信息系统、App应用、微信公众号等,重点拓展远程提醒和控制、自动报警和处置、动态监测和记录等功能。

1. 建立智慧养老管理平台

采用"互联网+"理念,从健康、生活、文化、安全、社会参与等方面解决养老服务问题。健康方面需要对老人的身体状况进行24小时跟踪监测并对异常情况及时报告,与社区医院、康复医院、三甲医院、养老机构连接,建立健康医疗服务的无缝连接系统。生活方面需要解决老人的饮食、家政、出行、购物等日常起居问题,为老人提供便捷、安心的服务。精神娱乐领域则需要丰富老人的文化生活，为他们提供感兴趣的新闻、影视、政策法规、戏曲、养生保健知识、旅游景点推荐等。安全方面需要保证人员的居家安全，全方位监控来访人员以及家庭场所的烟雾、煤气等，同时提供法律服务。社会参与方面解决老年再就业、创业、培训、人才市场的相关服务。

2. 建立智慧养老服务平台

建立养老服务大数据服务中心，主要分为大数据分析模块、重点人群数据追踪模块、互联网内容聚合模块等。

（1）大数据分析模块

通过移动终端就能收集到老人的生理数据，并自动传入云端，进行自动数据分析与处理，再将结果发给主治医生，由其给出诊断或康复建议。可以每天进行日常的健康监督、运动及饮食指导，特别是针对一些高危人群，如高血压、糖尿病患者，可以进行全天候的日常管理，为每个人定制出个性化的健康管理流程。大数据分析模块可以通过一些体征数据，以及日常生活起居、饮食和保健品服用等数据，来分析推测身体会出现什么状况，产生哪些方面不适，通过数据的分析，做到预测或预判，并开出保健处方，给出治疗方案。

（2）重点人群数据追踪模块

对重点人群的健康指标追踪、饮食情况追踪、医疗信息追踪、兴趣爱好进行分析，针对重点人群个性化精准推送。

（3）互联网内容聚合模块

内容聚合平台实时抓取互联网上的热点内容（视频影音、养生专题等），实现热点内容采集和标签化运营，支持热点推荐和全文检索，并根据老人访问内容进行大数据分析，精准推送相关资讯。

3. 建立健康医疗中心、O2O生活服务中心、文化信息中心

（1）健康医疗中心

通过智能手环和智能床垫将老人睡眠和活动时的血压、心跳、血脂等数据采集上传至健康数据分析中心，健康数据分析中心经过大数据分析之后，向用户推送健康指数提醒，实时关注健康状况。实时推送专家坐诊信息，用户可以预约专家，并通过远程视频会诊和医生进行交互。遇到紧急情况，可以通过智能手环上的SOS功能呼叫求救，管理呼叫中心后台可以通过北斗

卫星确认其位置信息,并进行双向通话,尽快进行紧急救援。

(2) O2O 生活服务中心

通过终端在线享受订餐送餐、家政服务、家电维修、网上超市等 O2O 服务。相关订单会被同步到管理中心,并由商家接单,商家后续和管理中心进行接洽。通过车辆调度系统,可以直接在线约车,终端显示所有在库车辆,可以实时进行预约。通过可视对讲系统进行远程亲情视频通话、管理中心的紧急呼叫、社区邻里之间的视频聊天、医务室的远程看诊。可视对讲提供多种个性化主题,在节日期间和使用主体进行视频问候,增加视频对讲的趣味性。用户可以收到来自社区、其他老人、家人亲属的视频问候。

(3) 文化信息中心

管理中心后台包含了内容平台、互联网内容聚合平台,这两个平台为老人提供了政策法规学习、社区、个人荣誉室、影音娱乐、养生专题、法律服务等板块。互联网内容聚合平台智能抓取互联网资源,智能化分析用户喜好,为每位老人提供影音、新闻、图书、政策资讯等,自动抓取相关内容,自动审核。同时,平台提供健康养生专题:健康课堂,针对老年人提供各种健康知识视频课程,资源具有可靠性;养生食谱,提供养生食疗信息,健康菜肴食谱,提供食材配比、制作步骤等;疾病防治,常见疾病防治方法查询,可视化查询疾病类型;药品信息,提供药品信息查询、疾病防治、服药提醒等。

第二节 推动医养结合,多渠道解决养老服务资金难题

一、打破体制机制障碍,大力推动医养结合

(一)建立分级分类的医养结合服务体系

第一,建立多层次、多种类、可流动的医养结合服务体系。借鉴日本的经验,试点设立低收费老人病院、保健训练中心,给予税收优惠政策。将养老市场细分为居家护理、失能老人日托中心、康复中心、护理宾馆、智障老人住宅、高端私立养老院、适老性住宅、传统护理院八种类型。依托政府和社会力量,合理配置护理型、助养型、居养型机构比例,建立不同机构间的衔接与合作绿色通道,形成梯度转诊服务模式。建立以综合医院为中心的老年

人医疗、以社区医院为主的老年人康复护理、以社区养老驿站和养老机构照料为主的医养结合服务体系。制定评估办法,逐级提供配套服务。

第二,依据健康评估结果提供医养结合服务。由民政、卫生、社保及老龄委等部门组建评估机构,形成一套健康评估系统和方法,依据评估结果确定服务类别、项目、内容和服务机构。活力老人、半失能和生活能自理但患有慢性病的老人在社区驿站和养老院,以提供生活照料为主,疾病预防保健、健康管理、康复等医疗卫生服务依靠社区卫生服务中心或医务室提供。急性病和慢性病急性发作期老人,与二级医院以上的医疗机构建立绿色转诊通道,基本治愈后转至养老机构,享受照料与医护服务。患有易复发恶性疾病、大病初愈与癌症晚期等老人,给予专业性强、中长期的医疗护理,生活照料、精神慰藉等常规性服务和康复保健、临终关怀等医疗服务。

(二)建立医养结合成本核算和支付体系

整合各职能部门相关资金,如卫生部门用于社区的预防保健经费、医疗机构和家庭病床的老年人医疗项目经费、民政和老龄部门用于机构养老和居家养老服务的补贴等。核算养老机构护理成本,制定合理的医养结合型养老机构的付费标准及护理等级。建立相对集中、统一和独立的老年人长期照护服务支付机构,高龄、失能、患病、低收入的长期照护保险费从医疗保险统筹基金和个人账户中抽取,政府按照一定比例划转福彩公益金予以补贴。医养结合型养老机构在通过医疗保险主管部门审核批准后,可列为医保定点单位和长期照护保险定点单位。

(三)建立医养结合监管机制和行业标准

对医养结合养老服务机构建筑规模、资格认证、准入退出、日常管理、运行经营等方面进行规范化监管。针对服务对象、服务项目、收费标准、管理原则、管理流程等制定统一的行业标准,设立分类齐全、系统完善的医养结合养老服务业技术标准,使得老年人在消费养老产品和服务时的合法利益得到法律维护。要建立服务质量监管体系,根据评估结果进行奖惩。

(四)建立医养结合评估机制

建立定期评估机制,按照有服务、有监督、有考评的要求,形成跨部门协作的质量监控机制,进行全过程的服务质量监督;建立退出机制,对落地后3个月内不开展服务、转让转包服务或经评估服务质量不达标、内部管理不规范、服务对象不满意的养老专业化服务组织,予以退出;探索第三方评估机制,形成统一的需求评估程序、标准、方法,以保证评估的科学性和权威性。评估机构服务资格,评估服务内容,细分养老服务需求。

(五)成立国家健康照护管理委员会

19世纪初期,瑞典建立了国家健康照护管理委员会,为家庭照护、养老机构以及老年人护理院提供高质量的服务。我国应由卫生、民政、社保及老龄委等部门牵头,联合成立国家健康照护管理委员会,由政府分管领导予以直管,卫生、社保、民政和老龄委等部门主要负责人作为医养结合健康照护管理委员会的主要成员。应明确医养结合健康照护管理委员会的主要任务是针对医养结合养老领域,加强各部门的横向联系,明确各部门职责,权责分工明确。

二、多渠道解决养老服务资金难题

无论是以哪种方式养老,最终都离不开资金,养老服务体系建设需要投资,养老服务消费需要支付,养老服务的投资和支付体系是最重要的核心保障。社会养老服务体系建设资金需多方筹措,多渠道解决,厘清政府、市场、家庭在养老服务体系建设中的作用,发挥政府的主导作用,引导多元主体参与,充分发挥市场机制的基础性作用,通过用地保障、信贷支持、补助贴息和政府采购等多种形式,积极引导和鼓励企业、公益慈善组织及其他社会力量加大对居家和社区养老服务的投入。各级政府切实履行基本公共服务职能,强化在社会养老服务体系建设中的支出责任,安排财政性专项资金,支持公益性养老服务设施建设。民政部本级福利彩票公益金及地方各级彩票公益金要增加资金投入,优先保障社会养老服务体系建设。老年群体要提前做好养老的资金储备。

(一)加强统筹协调优化投资结构

将养老服务明确为省级事权,省级人民政府负责制定本区域内养老服务体系建设发展规划,安排财政资金投入,统筹协调本区域内养老服务体系的均衡发展。中央政府在全国层面统筹协调,为省级政府提供资金支持,同时适度加大支持力度。县市级政府负责养老服务体系建设的落实,并提供一定的配套资金,财政困难地区的县市允许按照规定免于配套。

对养老服务机构建设补贴的核定方式进行调整,重点补贴社区养老服务机构和服务失能失智群体的养老机构,变单纯按床位数核定为按机构类型给予定额补贴,向解决重点困难人群养老问题的公益性床位和医护型床位倾斜。中央财政对不同区域养老领域投资分配方案进行调整,在继续考虑东中西部地区差异性的基础上,结合地区老年人口规模、养老机构床位缺口和地方财力状况等因素,提高中央财政投资分配的合理性和瞄准度,缓解地区间养老服务设施配置不平衡的矛盾。

(二)改进中央财政资金使用方式

在养老服务体系建设中,各级财政没有专项资金投入,仅有少量福利彩票公益金和预算内补助资金投入,应在中央和省级层面建立养老服务体系建设专项资金,增强上级对下级的引导和扶持作用。建立与人均GDP、人均财政收入额等指标挂钩的"养老服务体系建设财政投资水平"的约束性指标,确保财政性资金对公益性养老服务的主要支撑作用。

目前养老设施预算内基建投资来自中央财政和地方财政的比例在1∶2左右,应引导省级适当加大对养老服务设施建设的财政投入。对中央财政资金的使用方式应进行一定调整,一是考虑区域经济发展和财力差距,对财力较为薄弱的部分经济欠发达地区养老服务设施建设继续实施补贴政策。二是加大"以奖代补"政策力度,对地方政府加大养老服务设施建设投入、创新吸引社会资本的政策措施等形成激励。结合地方养老服务设施建设任务完成情况,以中央财政资金发放奖励,继续用于养老服务设施建设。三是探索以中央财政资金发起设立养老服务产业发展引导基金,参股设立地方性养老服务产业投资基金,投资于社会资本投资建设的养老服务设施。通过这种创新的财政资金使用方式,引入市场化运作模式,实现资金滚动使用,提高资金运用效率。

(三)增强财政资金投入适用性

为激发社会力量参与养老服务的积极性和活力,财政资金投入要做出灵活性安排。财政资金适度降低固定资产直接投资比例,增加购买养老服务支出比例,提高资金使用效果,加强对老旧小区适老化改造,对小微型社区居家养老服务设施提供消防设施改造补贴和租金补贴,支持建立养老机构责任保险和老年人意外伤害保险,对养老服务机构技术人员、护理人员给予岗位补贴,增加对养老服务队伍的培训补贴,增加以奖代补的比例,把财政资金用在"刀刃"上,发挥其对社会养老服务投资的引领作用。

(四)吸引民间资本加大投资力度

结合实际情况,协调各部门工作,将已有优惠政策标准化和规范化,形成有效的激励机制,切实落实养老服务业发展的税收、收费、土地、融资等政策。完善财政补贴政策,补贴对象和补贴标准不以提供服务主体的属性和类别做区别对待,而是以提供服务的内容和服务对象的类别为依据,对公办机构和民办机构一视同仁。

增设经营场地租赁补贴,满足通过租赁方式获取经营场地的民办养老服务机构的需求。对养老服务设施用地指标实行计划单列,有效增加养老设施用房用地供给。减少对符合标准用房用途转化的人为障碍,鼓励企业利用存量或闲置用房开展养老服务设施建设。

完善政府购买养老服务的目录和办法。通过政府确定符合条件的服务主体,老人及其家属在政府确定的范围内自主选择服务主体,政府根据老人及其家属的选择,向服务主体购买服务的方式,由服务主体开展社区助老服务和养老机构服务。为鼓励社会组织的连锁化、品牌化发展,政府可延长购买服务的时间,酌情采取多种购买服务的方式。

政府把更多的财力物力投向贴近老年人家庭的社区化养老服务设施,并鼓励探索租赁式、连锁式等新型运营方式和服务提供方式。对民营资本投资居家和社区养老服务给予鼓励政策,高端消费群体的养老服务交由民营资本投资。保障养老用地政策落实,盘活大量的央企培训中心、度假村等闲置的资源,面向市场转型做养老服务机构。

(五)规范公私合作项目投资过程

对于公益性养老服务设施应主要依靠政府投资,政府发挥托底保障职能;对于中高端养老服务项目,政府通过政策规范引导民间资本完全依照市场规则运作;对占据主导地位的准公益性养老服务设施建设和运营应以吸引民间投资为主,政府可给予政策和适当的资金支持,通过与民间资本的多种公私合作方式,提高服务供给能力与效率。

完善选择公私合作项目模式的决策机制与方法,明确民办公助养老机构的服务对象和范围、资助条件、资助方式、资助标准及用途等。根据不同养老服务项目的投资回报实现情况,科学确定政府对项目的资金支持规模,建立合理的项目补偿机制和风险分担机制。

鼓励地方探索多种财政资金支持途径，完善政府产业引导基金的运作模式和运作环境，以政府引导基金带动企业产业投资基金投资于养老服务行业，发挥财政资金的杠杆扩大效应。

（六）完善养老服务费用支付体系

庞大的养老服务产业市场，非常需要有经济能力的老年人来支付或者购买这些养老服务。国家通过建立基本的养老保险、医疗保险、健康管理、就业保障、理财计划等措施，改善老龄人口的资产结构，提高老龄人口的购买力。养老金制度、长期护理保险制度和养老服务费用分担制度构成养老服务支付体系。

1. 完善养老金和个人储备增加制度

第一，政策通盘考虑增加劳动人口收入。人口老龄化引发代际利益冲突，企业和职工认为养老保险费率高，退休人员认为养老金对工资的替代率低。劳动人口向东南地区流动，广东地区养老保险有结余，东北地区养老保险有缺口，需要建立中央统筹的基础养老金制度。和谐代际关系是积极应对人口老龄化的重要任务。在公共政策领域，需要政府通盘考虑一次分配的工资政策效用和二次分配的福利政策效用、减免和延期征缴的养老金税制，坚持以人为本、尊重人的生命周期，指导国家公共政策、企业发展规划和个人理财规划。在公共管理领域，需要政府相关部门和服务机构通力合作，打造健康管理、正规就业、职工收入、养老金积累、控制企业用工成本、控制首住房售价、控制基础教育成本、控制医疗费用的社会治理机制，让劳动人口早日进入不负债、有积累的财富自由拐点，增加幸福感和养老资产的获得感。

第二，建立多层次养老保障体系。养老金解决的是基本生活费开支问题，除了要进一步提高养老金的水平，还要建立多层次的养老保障体系。除了由政府提供基本的养老金之外，有条件的单位和个人还可以建立补充保险制度，包括企业年金制度、个人储蓄制度，为老了之后提供更多的生活费的来源。个人可以把一部分资金通过养老储蓄的方式，委托一些市场机构进行投资运营，保值增值，作为个人未来的养老储备。通过延迟退休、鼓励活力老人创业就业增加收入，通过互助养老减少服务支出等多渠道提升未来退休以后的养老水平,也能够提升购买养老服务的能力。

2.建立长期护理保险制度

长期护理保险制度解决的是失能老人的护理费开支问题。第一,政策制定。由国务院牵头,联合人社部等相关部委,制定全面推进长期护理保险制度建设的实施意见,人社部门制定实施细则,业务上需要与老龄、残联、土管、工商、公安以及商业保险公司等相关单位协作。第二,参保对象与受益人员。参保对象实行全民覆盖,有利于做大"保险池",受益人包括65岁及以上重度失能老年人和65岁以下长期依赖护理或患特定病种的参保对象。第三,保费缴纳与待遇支付。长期护理保险单独制定缴费率,设立专门账户。坚持"居家服务优先"的原则,对接受居家护理服务的人,在待遇支付上加以倾斜。第四,等级认定。必须加快研制开发一套适合我国老年人的护理等级认定的统一调查表,这关系到失能老年人总量的测算、长期护理保险费率的设定、各失能等级服务时长的标准、服务质量的认定等诸多方面。第五,服务内容与供给体系。依托社区照护服务资源,重点开展居家失能老年人的助餐、助浴、购物、户外活动以及家庭病床等服务。对于重度失能老年人,偏重医疗保健康复,可入住定点医疗机构;对于偏重日常生活照料的,可入住定点养老机构。在服务供给体系中,公办养老机构和公立医院负责发挥托底作用,免费向城乡特困群体、计划生育家庭(失独、独生子女伤残家庭)等提供照护服务;民办营利和非营利机构处于主导地位,负责提供市场化的护理服务,根据失能等级和服务时间获得长期护理保险基金的支付。第六,基金管理与结算。可与商业保险公司合作,具有合法资质的商业保险公司(保险经办机构)负责基金的保值增值、服务支持、运营管理与服务费支付。至于费用结算方面,居家服务按服务等级、护理人员数量支付给服务提供方。机构服务按床/日费用"定额包干、结余留用、超支不补"的结算办法,支付给有经营资质的定点养老、医疗机构。具体结算标准由人社、物价、民政、卫计等部门制定。第七,风险控制与质量监管。加强失能等级鉴定机制、服务供给准入机制、护理员培养培训机制、服务质量监管机制的建设。积极探索与社会救助、养老保险、医疗保险、工伤保险等政策的衔接,降低长期护理保险基金重复支付的风险。

3. 养老服务供给费用分担体系

建立起养老服务供给分担体系,减少个人对养老服务的支付水平。该购买体系可分为以下几个层次:一是对于"三无"人员、"五保"老人、失独老人等,要由政府出资办养老机构,提供养老服务;二是对于工薪阶层,应该采取公办民营或者政府提供一些优惠的政策,包括税收、土地等政策,来建立价格比较低廉的、服务质量较好的、适合工薪阶层的基本养老服务体系;三是对于收入较高的群体,可以通过开发一些高端养老产业,来满足多层次的养老需求。

第三节 完善农村养老服务制度,加强养老服务人才队伍建设

一、完善农村养老服务制度,缩小城乡差距

(一)完善农村社会养老服务制度

第一,政府财政、社会捐助、个人共同分担养老服务费用,加大财政投入力度,不断拓宽筹资渠道,探索多元化的投资方式,逐步提高农民人均养老金水平以及农村低保、"五保"的保障标准和覆盖率,保证年均供养水平能满足基本需求。第二,乡镇选择闲置的场地办养老之家,也可将养老机构与乡镇卫生院、村委会建在一起,充分发挥志愿者的作用。第三,不断加大新农合筹资力度,提高"新农合"报销比例,进一步改善乡、村医疗设施条件,制定优惠政策吸引更多更专业的医务人员投身农村医疗卫生事业,并逐步取消省、市级定点医疗机构补偿报销的起付线和封顶线。第四,尝试建立新型老年互助合作组织,主要是通过政府支持设立老年人互助养老机构,让老人通过互相安慰、抱团取暖安享晚年。第五,积极建设一批规模适当、功能齐全、生活宜居的老年社区,尽量满足老年人集中养老需求,积极推进农村社会养老服务快速发展。

(二)推动社会保险的城乡统筹进程

推动城乡统筹必须推动制度设计的统一,建立相似的筹资方式、计发办法与管理模式,建立统一的管理部门。例如,在推进新农合与城乡居民医保合并过程中,打破过去医疗和社保两套管理体系、两种管理方式的制度模

式,在此基础上统一筹资规则、统一医保目录规则、统一医院药店定点规则、统一报销规则,尽可能缩小制度差异,才能实现真正的城乡统一。

(三)发挥社会资源作用,加强孝道文化宣传

一是加强孝道敬老文化宣传。提高社会成员对农村老年群体的关注和关心程度,最直接的途径和方法就是不断加强孝道敬老文化宣传,充分发挥社会媒体强大的社会影响力,多播报一些与弘扬孝道敬老相关的视频资料,增加人们的关注,帮助人们树立强烈的敬老观念,转变人们的敬老意识。

二是充分发挥社会资源的作用。国外养老保障体系之所以发展得比较成熟,很大程度上是由于国外的社会组织比较健全。因此,我国政府应该做好未来慈善事业发展的科学规划,多鼓励慈善组织关注农村社会养老问题,倡导建立更多的具有影响力的慈善基金组织,为完善农村社会养老服务体系建设提供更多的资金保障;同时也能在社会中起到很好的宣传作用,增加人们的关注。

三是建立农村社会养老志愿者服务体系。最好是选取那些与农村社会养老服务具有紧密联系的部门人员加入,包括妇联部门、民政部门、财政部门等,每一位志愿者在参加志愿者活动前都应接受专业的培训和考核,确保这些志愿者已经具有较强的能力,能够帮助农村老年人解决生活中的一些实际问题,如此才能形成长效机制确保服务效果的取得。

(四)帮助老年人树立现代养老观念

随着养老观念的变化,老年人也应该适应现代养老观念,在打好经济基础后,依据自身情况选择最佳的养老模式。

一是重视自身物质积累。提升农民重视自身物质积累的思想意识,同时充分发掘自身潜力,提升自身素质,利用政策优势和良好的政策环境,在节流的同时更要做到开源,拓宽收入来源和渠道。

二是适应现代养老观念。农村地区老年人应适应时代发展变化,不仅为子女考虑、帮助其减轻压力,也为自己晚年幸福考虑、让自己可以安享晚年,转变以家庭养老作为唯一养老选择的传统观念,在年轻时通过加强经济储蓄,为养老方式的选择提供充分的经济保障。

二、加强养老服务人才队伍建设

应以顶层设计为基石,以市场需求为导向,以国家政策为支撑,健全养老服务人才职业培养、职级晋升、登记注册、教育培训、薪酬待遇、激励评价等制度，积极构建"以专业技术人才与高级管理人才为主体、应用型和研究型人才互相衔接"的多层次、专业化养老服务人才体系。

（一）设置专业人才管理机构

在人社部或民政部设置专门的养老服务专业人才管理机构，统一规划培养规模和进度，完善相关法律法规，加强在人才培养方面的资金投入力度。具体工作还包括养老服务人才中心业务的联络调整、人才供给信息的收集和提供、养老服务和管理人员的培训、免费职业介绍等。

（二）提高养老服务人才综合素质

养老服务人才综合能力的提升依靠专业、系统的培养体系。第一，实施"养老服务领军人才培养计划"。支持与日本、德国、瑞典等养老服务业发达国家或地区开展教育合作，重点培养高端管理人才，通过互派师生、交流研讨等形式，资助优秀人才出国深造，鼓励其回国后在养老行业创业或在高校任教，增强养老行业管理人才培养专业化水平。第二，出台专业技术人才培养支持政策。扩大招生渠道，通过给予助学补贴、就业补贴等支持政策，吸引学生到养老行业就业，逐步扩大职业教育人才培养规模；实施"医养结合"养老服务人才培养计划，培养复合型人才。第三，支持学校开展相关专业改革试点。在养老服务人才的培养模式、课程、教材、教学方式、师资队伍等重点环节进行改革试点。鼓励高等院校设置老年服务与管理、健康管理、康复治疗、康复辅助器具应用与服务、护理学、应用心理学和社会工作等专业，引进国外优秀课程和教材，开发具有国际水准的专业课程和教材。第四，构建"校企联动"模式。建立养老机构、社区养老驿站与高校、中等职业学校等教育机构的合作平台。支持优秀的社会办养老机构挂牌成为高等院校和职业学校的实习实训基地，经教育部门和行业主管部门认定验收后，由行业主管部门给予一次性以奖代补支持，为各院校相关专业学生提供实习岗位。第五，加大培训力度。开展养老护理人员就业技能培训、岗位技能轮训及养老护理知识技能进家庭进社区等工作。

（三）提升养老服务人才社会地位

一是要保护合法权益，降低劳动强度。对贡献突出的养老服务高级技术及管理人才提供积分落户政策、专业技能免费培训等办法；每年为养老服务从业人员提供免费体检。二是提高薪酬待遇水平,完善激励评价机制。完善职业技能等级与薪酬待遇挂钩机制,使有能力的从业人员获得社会认可。推动提高养老服务行业平均薪酬待遇水平,使其不低于上年度服务行业平均工资水平。三是宣传引导社会观念转变。积极引导媒体加大宣传力度,让社会公众了解养老服务行业对整个社会的重要性,提升对从业者的认同和尊重。

(四)健全养老服务人才职业体系

从源头上解决劳动力短缺的问题,为留住人才、沉淀人才提供保障。第一,扩大人才供给渠道。鼓励卫生专业技术人才转岗养老行业,鼓励家政服务人员、医院护工和本市城镇就业困难人员从事养老服务,鼓励退休医务工作者、低龄老年人参与提供为老服务。第二,开展改革试点。打通养老服务人才晋级渠道,科学设置养老护理、专业技术、管理等岗位。支持行业协会、养老机构开展养老服务人才技能等级评价工作,完善职业发展体系。第三,加强职业认证体系建设。逐步增加健康风险评估师、社会福祉咨询师、老年康复师、养老机构管理者等高层次养老人才岗位,完善相关岗位的职业资格认证管理体系。

(五)建立人才信用评价体系和信息平台

建立养老服务人才大数据库,对养老服务从业人员实行登记管理,全面如实记录从业经历、从业年限、服务对象评价、参加培训经历、投诉处罚等情况,作为今后评职、晋级、提薪、转岗的重要依据。建立养老服务领军人才储备库,实施养老管理人才备案制度,吸引国内外高层次人才在养老服务领域创新创业;将养老护理员纳入公益岗位管理体系,降低社会养老服务机构的经营压力。

(六)加快医养结合专业人才培养

支持高等院校和中等职业技术院校开展养老服务学历教育,在基础设施建设、资源配置、招生等方面给予适当的政策倾斜和培养经费,加快培养老年医学、康复、护理、营养、心理和社会工作等方面的专业人才,鼓励有条件的院校开展继续教育和远程教育。推行养老护理员职业资格考试认证制度,实行持证上岗,并将资格认证与入职门槛、晋级、待遇及职称评定等关联起来。实施医养结合的养老人才培养工程。实施"四师联动"培养,逐渐进行健康管理师、心理咨询师、公共营养师、临床康复师的培养;鼓励大中专院校和护士专科学校毕业生到养老服务机构和社区从事养老服务工作;加快建立养老服务持证上岗和养老从业人员资格鉴定制度及考核制度;对持有相应等级护理员证书的老人入住养老机构实施优惠政策。

(七)扶持护理和康复机器人产业

通过产业结构调整,大力扶持护理机器人、家政服务机器人和康复机器人产业的发展,降低从业人员劳动强度。护理机器人主要用于帮助护理人员分担繁重琐碎的护理和照料工作,可帮助医护人员确认病人的身份,并准确无误地分发所需药品,可以检查病人体温、清理病房,甚至通过视频传输帮助医生及时了解病人病情。医疗训练用康复机器人可用于患者的肢体功能恢复及辅助练习,生活辅助用康复机器人可用来代偿肢体功能。家政服务机器人可以完成保洁、做饭等家务工作。开发面向老年人的移动社交和服务平台、人工智能情感陪护助手,提升老年人生活质量。

第四节 建立全龄型宜居环境,合力推动养老服务体系建设

一、建立全龄型宜居环境

(一)政策制定贯彻适老理念

加快建立组织协调机制。以国家老龄委为指导总体适老环境建设的宏观调控部门,联合国家发改委、住建部、财政部、税务总局、人社部、交通运输部等多部门成立联合工作组,建立适老环境建设主流平台及配套沟通机制,推动相关政策制定及各部门重要政策的适老化,形成密切配合、应对有力、合力实施的长效工作机制。加强与智库、高等学府、科研单位合作,开展适老环境建设的深入研究,为适老化建设的探索之路提供前瞻性、强有力的理论支撑。

大力宣传适老环境新理念。一是提高公众和媒体机构对适老环境内涵的理解,由老龄委、中宣部、教育部牵头,推进适老环境内涵讨论、读本撰写,开展媒体工作人员的适老环境基础教育。二是建设适老环境工程,加强适老环境社会宣导,由中宣部、中国网络电视台、《人民日报》等主流媒体共同

建设适老环境工程,加大对适老环境建设在安全方便的硬环境、敬老爱好的软环境方面的积极作用和定位的正向宣传引导。三是全社会转变适老环境观念。政府制定政策、编制法律法规时要以适老环境建设为大背景,考虑老年人等弱势人群和相关服务商的适用性,企业、公民创新产品研发制造时要以适老性为基础,提供可根据年龄而变动的设计。

(二)推动适老环境建设法制化和强制化

加快适老环境建设法制化,构建强制性适老环境建设规范和标准体系。参照专项法律和行政法规出台的相关流程,逐步将适老环境建设法制化,并从行政法规层面上升到法律层面,构建一系列适老环境建设强制性、可操作性规范和标准体系。

加大建筑设计适老化审查力度。组建建筑物适老化办公室,实施严格的建筑设计方案适老化审批和项目评估,建立适老化审批不合格修改办法和再评估机制,对于审批不合格、修改后再评估仍不合格的单位,禁止其办理建设工程规划许可证、建筑工程施工许可证和商品房预售许可证。

(三)开展适老环境建设示范工作

从需求出发谋划和筛选具有良好示范作用的适老化改造项目。对社会急需、项目发展前景良好以及具备示范性的适老化改造项目予以适当税收、补贴、政策等扶持,形成一批产业链长、覆盖领域广、经济社会效益显著的产业集群。鼓励企业广泛学习海内外先进项目经营和管理经验,并根据我国实际情况引进并改良优质且具有可复制性的适老化改造项目。

建立中国适老环境示范基地。由于适老环境示范基地能够将适老环境建设理念具体化、视觉化、可操作化,因此,我们应吸取国外先进地区适老环境建设理念和成功经验,结合中国国情建立中国适老环境示范基地,支持本土企业通过中国适老环境示范基地建设吸取国外先进经验,总结中国适老环境建设模板。

(四)积极培养适老环境建设人才

引入适老环境建设的职业资格证书培训项目。适老环境建设需要的人才属于要大力培养的高职专科学历层次及以上的专业人才,引入适老环境建设的职业资格证书培训项目,保证这一领域专业人才得到政府和社会的认可。

引进一批掌握适老设计、具有丰富实践经验的专业人才。鼓励内外资企业参与适老环境建设人才引进工作,积极开展高端人才引进计划,允许引进适老环境建设专业人才的企业优先参与我国适老环境建设。

培育适老环境建设创新创业的领军人才和创新创业团队。积极鼓励社会优质资本设立适老环境建设创新创业团队,培育适老领域创新创业的领军人才。鼓励房地产、装饰装修等产业积极尝试产业转型升级,实现夕阳产业的朝阳化。实施适老环境建设创新创业企业的税收优惠、运营补贴政策。

开展以国际理念和中国特色相结合的人才培训项目。鼓励优质教育培训机构开展以国际理念和中国特色相结合的适老环境建设人才培训项目。允许优质教育机构引进国外先进师资,探索中国特色适老环境建设培训教材,逐渐把国际领先适老环境建设理念和技术本土化。

(五)统筹城乡适老环境建设

以规划带动适老环境建设工作的全面开展。结合新农村和新型城镇化建设的进程,加快整体规划以及公共设施等专项规划。建立适合老年人需求的社会软硬环境,促进老年人与其他年龄层的共融发展。从规划设计入手,在新农村建设和新型城镇化建设中,贯彻落实适老环境新理念,建设全龄型宜居新城乡。

持续推进农村居家、社区、养老机构的适老化改造,切实保障农村老年人的生活需求。从居家适老化的建筑硬件改造、家居家装改造、康复辅具适配、智能居家产品配套,到公共区域的加装电梯、楼道地面防滑、出入口无障碍改造、加装安全助力扶手,再到社区适老化改造的车辆分流改造、加设休息座椅、夜间照明及康乐设施等,城市和农村应根据自身特点和需求响应进行适老化改造。

二、加强机构组织协调,合力推动养老服务体系建设

(一)实现养老服务信息共享

要建立养老服务体系的协同机制,首先必须建立养老服务相关信息的政府部门共享、政府与社会共享机制。信息对称、沟通畅通是养老服务政策制定和落实的必要条件。部门之间的协调机制只有在信息完整、无障碍沟通的基础上才有可能真正形成。统一的养老服务信息平台不仅可以成为老年人获得信息的"统一门户",也是养老服务行业管理的"统一入口",同时为政府决策提供了"统一数据库",更是为养老服务部门间协调提供了技术支持和条件。创建养老服务基础数据平台,应构建以大数据为核心,政府统一策划,引入企业开发完成相关系统软件,发展以政府为主导,引入企业和多方面社会力量参与的信息建设体制。

(二)建立社区"整合照护"体系

"整合照护"作为应对人口老龄化挑战的对策,是对传统养老服务供给模式的深度改革,是近十多年来英、美、日等国在养老服务领域努力推动的政策理念。在我国养老服务体系建设中,应该把建立社区整合照护体系作为今后改革的一个主要方向,以促进不同部门的养老服务资源实现更好的衔接,进而保障服务的完整性和连续性,并促进资源优化配置,提高使用效率。世界卫生组织(WHO)发布了关于老年人整合照料的指南(Integrated Caring For Older People,ICOPE),提出了以社区为基础,与老年长期照护体系相协调的老年整合照护的行动指南。从其整合功能来看,"整合照护"可以分为"功能性整合""组织性整合""专业性整合""照护整合"。"功能性整合"是指协调关键部门的行动,如资金管理、人力资源、政策规划、信息管理和质量提高等;"组织性整合"是在照护机构之间创建工作网络、联合、联系或策略性联盟;"专业性整合"是指在各种组织之内或之间的照料专家间,协同工作、联系或策略性联合。可见"整合照护"在于整合不同的照护资源,使处于碎片化照料中的个体达到健康和社会照料的理想化水平,是一种"复合性介入",它力求支持整合照护的管理和组织化过程在诸多层次同时发生作用,逐渐形成以地域为单位,家庭、社区、医院、养老机构协同养老的社区整合照护体系。

(三)设立养老服务资源整合协同职能部门

应设立一个专职部门制定养老服务发展规划和政策,落实养老服务部门间的协调与整合资源,并具备政策落实与监管的职能,真正实现养老服务资源整合的协同机制。以养老服务体系较为完善的美国为例,其在国家层面成立了联邦老年事务管理部,在州层面成立了地区老年事务署,作为独立从事老龄事业发展的职能部门,联邦老年事务管理部直接向助理国务卿汇报,针对养老服务规划直接与其他联邦机构和服务主体协同,管理专项财政拨款,整合资源和部门协调的效率较高。

参考文献

[1]张丽艳.城市社区居家养老生态服务系统研究[M].上海:上海交通大学出版社,2020.

[2]杨玲丽.社区工作与社区居家养老[M].北京:知识产权出版社,2020.

[3]肖亮.康养产业融合发展内在机理与实施路径研究[M].北京:九州出版社,2020.

[4]袁竞峰.智慧城市建设与发展研究[M].北京:机械工业出版社,2020.

[5]汤慧敏.养老机构服务质量控制实用手册[M].上海:上海科技教育出版社,2019.

[6]郑晓红,黄悦.养老机构岗位职责[M].上海:上海科技教育出版社,2019.

[7]王建武.养老服务 创新与实践[M].济南:山东科学技术出版社,2019.

[8]唐靖一.养老机构院长管理操作手册[M].上海:上海科技教育出版社,2019.

[9]张荣,赵崇平."互联网+"居家养老体系建设研究[M].北京:光明日报出版社,2019.

[10]马冬梅.城市养老服务多维度调查与研究[M].武汉:华中科技大学出版社,2019.

[11]鲁迎春.公私合作:上海养老服务供给的探索[M].上海:上海人民出版社,2019.

[12]丁建定.中国养老服务发展研究报告[M].武汉:华中科技大学出版社,2019.

[13]吴仕英.高等职业教育养老服务类示范专业规划教材 生活能力

评估技术[M].北京:中国纺织出版社,2019.

[14]盛铖.智慧养老园区服务设计[M].石家庄:河北人民出版社,2019.

[15]吴红婷,严崚.养老机构后勤管理实用手册[M].上海:上海科技教育出版社,2019.

[16]应佐萍,桑轶菲."互联网+"背景下智慧养老研究[M].大连:东北财经大学出版社,2019.

[17]任波.德国养老服务职业教育研究[M].重庆:重庆大学出版社,2019.

[18]徐锋.医养结合养老服务的理论与实践[M].北京:中国社会出版社,2019.

[19]曾嘉.养老事业创新研究[M].长春:吉林文史出版社,2019.

[20]潘卓,马宇博,彭飞.京津冀养老产业发展:现实困境与金融支持[M].长春:吉林大学出版社,2019.

[21]刘明,孟卫东,尹凡.承接京津异地养老的产业园区集群可持续发展研究[M].长春:吉林大学出版社,2019.

[22]刘经纬,刘丹华,张军.互联网+智能养老产业研究 ISO视野下的京津冀协同建设[M].北京:首都经济贸易大学出版社,2019.

[23]张瑾.我国养老服务体系建设重点问题研究[M].北京:中国经济出版社,2018.

[24]周向玉.养老体系改革[M].长春:吉林出版集团股份有限公司,2018.

[25]周燕珉,林婧怡.国内外养老服务设施建设发展经验研究[M].北京:华龄出版社,2018.

[26]程晓青.北京市养老设施建筑环境分析[M].北京:华龄出版社,2018.

[27]张欣亮,裴丽君.北京市与养老相关的医疗卫生机构状况分析[M].北京:华龄出版社,2018.

[28]丁建定.中国养老服务发展研究报告(2018)[M].武汉:华中科技大学出版社,2018.

[29]任远.养老机构的判断与选择[M].北京:中国广播影视出版社,2018.

[30]成绯绯,孟斌,谢婷.北京市养老机构现状分析[M].北京:华龄出版社,2018.

[31]陈雪钧,李莉.旅游养老产业发展研究[M].北京:北京理工大学出版社,2018.

[32]许江萍.中国养老政策目标与路径[M].北京:中国物价出版社,2018.

[33]柴效武.养老保障与养老模式探寻[M].杭州:浙江大学出版社,2018.

[34]孙鹃娟.城镇化、农村家庭变迁与养老[M].北京:知识产权出版社,2018.

[35]杨清哲.老龄化背景下中国农村养老保障问题研究[M].长春:吉林人民出版社,2018.